INOVAÇÃO NÃO VIOLENTA

www.dvseditora.com.br
São Paulo, 2021

INOVAÇÃO NÃO VIOLENTA
DESCUBRA COMO A COMUNICAÇÃO SISTÊMICA E A EMPATIA CIRCULAR PODEM IMPACTAR ORGANIZAÇÕES

DVS Editora Ltda. 2021 – Todos os direitos para a língua portuguesa reservados pela Editora.

Nenhuma parte deste livro poderá ser reproduzida, armazenada em sistema de recuperação, ou transmitida por qualquer meio, seja na forma eletrônica, mecânica, fotocopiada, gravada ou qualquer outra, sem a autorização por escrito dos autores e da Editora.

Design de capa e ilustrações: Gabriela Guenther

Projeto gráfico e diagramação: Bruno Ortega

Revisão: Fábio Fujita

```
Dados Internacionais de Catalogação na Publicação (CIP)
       (Câmara Brasileira do Livro, SP, Brasil)

Dutra, Fernanda
    Inovação não violenta : descubra como a
comunicação sistêmica e a empatia circular podem
impactar organizações / Fernanda Dutra ; prefácio
de Eduardo Carmello. -- São Paulo : DVS Editora,
2021.

    Bibliografia.
    ISBN 978-65-5695-017-4

    1. Autoconhecimento 2. Comunicação não verbal
3. Comunicação organizacional 4. Empatia
5. Organizações 6. Relações humanas I. Carmello,
Eduardo. II. Título.

20-48594                                CDD-658.45

           Índices para catálogo sistemático:

   1. Comunicação organizacional : Administração   658.45

       Cibele Maria Dias - Bibliotecária - CRB-8/9427
```

Nota: Muito cuidado e técnica foram empregados na edição deste livro. No entanto, não estamos livres de pequenos erros de digitação, problemas na impressão ou de uma dúvida conceitual. Para qualquer uma dessas hipóteses solicitamos a comunicação ao nosso serviço de atendimento através do e-mail: atendimento@dvseditora.com.br. Só assim poderemos ajudar a esclarecer suas dúvidas.

FERNANDA DUTRA

INOVAÇÃO NÃO VIOLENTA

DESCUBRA COMO A COMUNICAÇÃO SISTÊMICA E A EMPATIA CIRCULAR PODEM IMPACTAR ORGANIZAÇÕES

PREFÁCIO DE
EDUARDO CARMELLO

"Não espere por uma crise para descobrir o que é importante em sua vida."

Platão

Dedico o livro:

A minha família, que é minha base. Em especial aos meus filhos Isabela e Nicolas que geram sentido ao meu viver e onde aprendo a cada dia a ser uma pessoa melhor. Minha mãe, meu pai e minhas tias que sempre lutaram pela minha educação e ao meu marido, que sempre me apoiou nas minhas pesquisas.

SUMÁRIO

AGRADECIMENTOS XI

PREFÁCIO XIII

1. O FASCÍNIO PELA COMUNICAÇÃO 1
1.1. A comunicação não violenta 4
1.2. O desafio da empatia 7
1.3. Observação 9
1.4. Sentimento 11
1.5. Necessidade 14
1.6. Pedido 17
1.7. Transformando significado em sentido 19
1.8. Entre a empatia e o que nos move 21

2. A TRANSMUTAÇÃO PELA COMUNICAÇÃO 25
2.1. Autoconhecimento e a busca por propósito 28
2.2. O círculo dourado 28
2.3. *Ikigai*, o sentido da vida 30
2.4. Transformar ou transmutar? 33
2.5. Uma reflexão: o Batman e o Coringa 37
2.6. O estado de fluxo 42
2.7. O ciclo de transmutação circular 44

3. O SER E A INTRACOMUNICAÇÃO 47
3.1. A autoconexão 48
3.2. A janela de Johari 51
3.3. Os instintos e a intuição 53
3.4. Modelos mentais 57
3.5. O poder da semântica 59

3.6. Automatismos ... 62
3.7. Paradigmas e normose ... 66
3.8. A escassez e a abundância ... 74
3.9. A inovação do ser ... 81
3.10. Atitudes, hábitos e visão de futuro ... 82
3.11. O processo de inovação do ser ... 88

4. A CONEXÃO E A INTERCOMUNICAÇÃO ... 95
4.1. A empatia na intercomunicação ... 98
4.2. Os vilões e os bloqueios da empatia ... 102
4.3. O contexto na comunicação eficaz ... 106
4.4. O desafio da compreensão ... 109
4.5. A escuta sensível ... 110
4.6. A comunicação e o DISC ... 113
4.7. A comunicação dos fatores DISC ... 117
4.8. Inteligência social ... 118
4.9. Conexão e atenção mútuas ... 120
4.10. A sincronia ... 123
4.11. A psicologia do prazer ... 124

5. O CIRCULAR E O SENSO COLETIVO ... 129
5.1. O paradigma circular ... 130
5.2. A sabedoria organizacional ... 133
5.3. As perspectivas sistêmicas ... 138
5.4. A comunicação sistêmica ... 139
5.5. Os ciclos de feedback e a comunicação ... 141
5.6. As perspectivas sistêmicas na comunicação ... 148
5.7. O processo de comunicação sistêmica ... 153
5.8. A empatia circular ... 158
5.9. A economia da empatia ... 164
5.10. O processo de empatia circular ... 167

6. PROPOSTA DE VALOR CIRCULAR — 173
6.1. Entrega de valor — 173
6.2. A economia circular — 174
6.3. O que é proposta de valor circular? — 178
6.4. A proposta de valor circular e a CNV — 179

7. A INOVAÇÃO NÃO VIOLENTA — 183
7.1. Inovação como aprendizado organizacional — 185
7.2. A inovação sistêmica — 188
7.3. A comunicação sistêmica e a alta alavancagem — 190
7.4. A comunicação sistêmica na inovação — 195
7.5. O processo de inovação não violenta — 198
7.6. A jornada em busca da transmutação circular — 206

REFERÊNCIAS BIBLIOGRÁFICAS — 211

AGRADECIMENTOS

Ao meu marido e sócio, Marcio Rente que me apoiou no desenvolvimento do conteúdo, desde a pesquisa a estruturação, além de me acompanhar nas várias revisões do livro. Este projeto gerou insumos para vários produtos na Flyflow.

Aos meus filhos Isabela e Nicolas que sempre compreenderam minhas ausências temporárias e que sempre me enchem de amor e propósito nesta vida.

A minha mãe Terezinha J.O.Antonetti, meu pai E. Mário Dutra e minhas tias Miltes A. Aparecida, Doroty Rosa Antonetti e Miriam A. Antonetti, que sempre acreditaram no meu potencial e foram responsáveis pela minha criação de caráter, capacitação intelectual e acima de tudo, me ensinaram o conceito de amor.

Aos editores Sergio Mirshawka e Alexandre Mirshawka que sempre acreditaram no meu talento e toda equipe e fornecedores da editora que participaram da construção deste livro com revisões, diagramação, capa, ilustrações, entre outros.

Ao Eduardo Carmello que fez este importante prefácio.

Ao Alisson Vale que foi o primeiro a me inspirar com o pensamento sistêmico, apoiou nas revisões do livro, contribuiu com a crítica e o resumo do livro na orelha de capa.

Ao Marcio Dupont, que me inspirou com o nome do livro.

A Laura Lobo que fez a crítica de capa e apoiou na revisão do livro.

Ao Tiago Petreca pela crítica de capa, parceria e diálogos enriquecedores.

Para as demais pessoas que fizeram a crítica de capa, Laura Vidmontas e Cristiane Martins da Silva.

A Joyce Baena pelas contribuições, ensinamentos e parceria.

Aos autores que mais me inspiraram com obras e ensinamentos como Marshall Rosenberg, Roman Krznaric, Brené Brown, Pierre Weil, Mario Sergio Cortella, Dulce Magalhães, Carol Dweck, Simon Sinek, William M. Marston, Martin Seligman, Mihaly Csikszentmihalyi, Russel Ackoff, Peter Senge, Donella H. Meadows, Daniel Kim e tantos outros que de alguma forma contribuíram.

A Deus e a vida por ter saúde para deixar um legado e, principalmente encontrado meu estado de "flow".

Gratidão!

PREFÁCIO

Esse livro te proporcionará um encontro de potência. Uma jornada de descoberta sobre como podemos pensar e atuar de forma mais sustentável e efetiva. Repleto de bons conceitos e ideias expansivas, você terá a oportunidade de vislumbrar novas oportunidades, inclusive em ambientes de complexidade.

É mais do que um convite para a reflexão! É uma chamada para a construção de inovação a partir da renovação de seus modelos mentais, de suas crenças e da forma de se relacionar com os outros. Um momento único de co-construção de novas realidades com nossos colegas de trabalho e com nossos clientes. Sempre com muita empatia, respeito e integridade.

Entre tantos conhecimentos essenciais, você conhecerá a importância da Comunicação Não Violenta, onde um dos quatro componentes é o "pedido", cujo processo nunca é o de exigir, mas de gerar ao colega uma reflexão sistêmica sobre os acontecimentos entre vocês. Demonstrar a razão de seus sentimentos e necessidades e, se fizer sentido para o interlocutor, a geração de uma ação espontânea que o leve a realizar o que está sendo solicitado.

A Empatia está presente no livro inteiro. É uma capacidade extremamente importante para a compreensão, clarificação e resolução dos conflitos. Para a construção das inovações e também para o incremento do engajamento e da performance dentro das Organizações.

Onde há relacionamentos harmônicos, produtivos e inovadores há o respeito, o entendimento do que o outro realmente sente, pensa e precisa para conviver e produzir melhor.

Como Fernanda esclarece, "o objetivo é promover o aumento da capacidade de adaptação, de flexibilidade de evolução das estruturas comportamentais e funcionais, a partir do desenvolvimento da comunicação não violenta e da empatia, dando suporte à transição do modelo tradicional e linear predominante nas corporações para um novo paradigma aderente a uma economia empática e circular. Assim, o valor agregado percebido poderá impactar o ser humano a ponto de o estimular a rever a forma como vive, seus hábitos e o próprio papel desempenhado no coletivo."

Que seja uma jornada bela e repleta de descobertas. Um processo de compreensão e aceitação de si mesmo. De assunção das suas responsabilidades para que se torne mais autônomo e inovador. Que aprimore a arte da codificação positiva e proativa daquilo que se revela a cada instante. Que saiba incluir e equalizar suas fraquezas e fortalezas, seus medos e coragens. Que tenha disposição e disciplina para se desapegar do que não funciona mais. E usar esses ensinamentos para desenvolver sua vida como uma obra de arte.

Eduardo Carmello
Diretor – Entheusiasmos Consultoria em Talentos Humanos

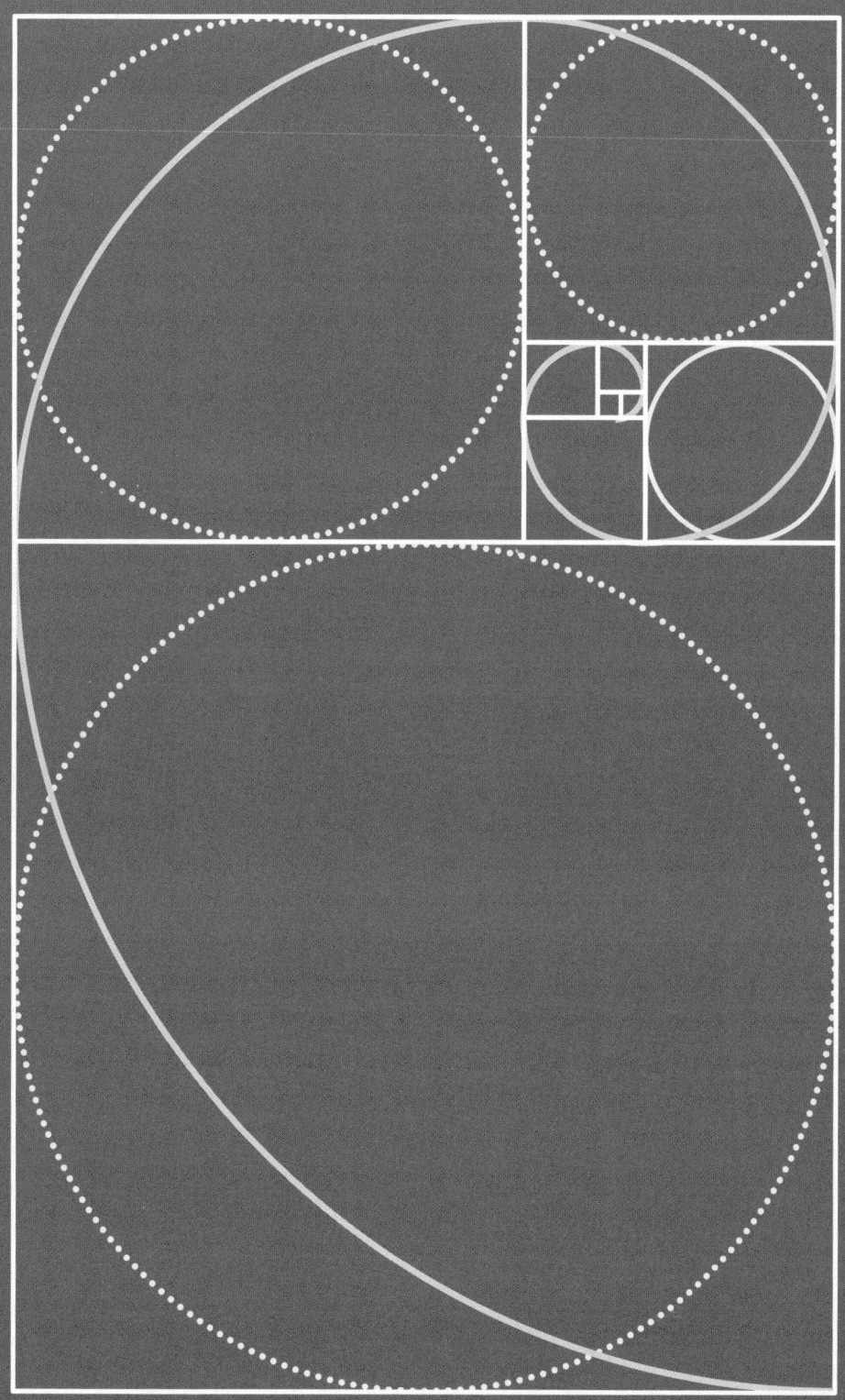

1. O FASCÍNIO PELA COMUNICAÇÃO

Meu pai foi criado sob o paradigma de que homem não chora e dificilmente demonstrava sua vulnerabilidade. Meus pais eram separados, e sempre que ele vinha me visitar, estava com aquela postura firme e com um olhar forte. O problema disso era que, dentro da minha maturidade e interpretação, eu via aquela firmeza como frieza, aquela fortaleza como distanciamento.

Por volta dos meus 15 anos, em uma visita à casa do meu pai, senti o desejo de falar algo para ele sem nem saber o que despertara essa vontade em mim. Ensaiei por três vezes sair do sofá, até decidir que falaria o que viesse à cabeça. Acredito ter sido essa uma das conversas mais importantes que tive na vida. Lembro-me de que falei coisas do tipo: "Você não me ama", "Você não liga para mim", entre outras acusações próprias de uma menina rebelde.

Ele levantou do sofá e pediu para que o acompanhasse até seu quarto. Confesso que senti medo. Pegou uma caixa de sapato dentro do armário da qual tirou desenhos, cartas escritas por mim, lembranças diversas. Sobre cada coisa que ele tirava daquela caixa me contava uma história; o homem austero, do tipo que nunca chorava na frente de ninguém, naquele dia chorou muito. Foi a primeira vez que vi meu pai chorando!

Naquele dia, no entanto, percebi o quanto ele me amava, quanta segurança e proteção me dava! E me dei conta de que a comunicação tal como chegava a mim estava totalmente distorcida.

Por mais que você entregue ao outro seu melhor, isso não é garantia de que quem recebe percebe a sua real intenção. Aquela conversa me despertou essa consciência de mundo! Todo o amor do meu pai sempre esteve ali, eu só não conseguia perceber!

1. O FASCÍNIO PELA COMUNICAÇÃO

A comunicação vai além das palavras, entre aquilo que expresso e o que o outro entende há uma ponte enorme. Até porque tudo comunica: mesmo o silêncio, meus comportamentos ou atitudes. E, às vezes, a comunicação não é passada da forma correta, o que gera tantos ruídos.

A partir desse dia, pude me aproximar aos poucos do meu pai. Não foi a melhor maneira, mas tivemos a oportunidade de ajustar esse mal-entendido. A triste realidade é que, na maioria dos casos, muitos relacionamentos são prejudicados por esse viés na comunicação. Ainda que de uma forma não tão bacana, pude, pouco a pouco, resgatar minha relação com meu pai graças a uma abertura que tivemos e um entendimento recíproco.

Não sei se, inconscientemente, acabei em uma busca constante por entendimento mais profundo na comunicação, de como melhorar relacionamentos de uma forma geral. Conheci muitas metodologias, mas a que mais me encantou foi a comunicação não violenta, criada por Marshall Bertram Rosenberg[1]. Aprofundei-me em seus conceitos e práticas e pude perceber que as noções do pensamento sistêmico estão muito conectadas com essa metodologia.

Passei a entender a comunicação em três dimensões: intracomunicação, intercomunicação e senso coletivo. Ou seja, é preciso primeiro estabelecer uma boa comunicação consigo mesmo, depois com as outras pessoas para, por fim, se chegar a uma visão sistêmica de tudo o que é feito e comunicado, para se ter a percepção do que afeta ao nosso redor. Esse entendimento também nos leva a respeitar nossos limites e praticar a não violência de forma mais sistêmica.

Além disso, se divido a comunicação em três dimensões, posso então entender processos de autoconhecimento, como a ferramenta DISC, e como os perfis comportamentais se comunicam naturalmente, assim como conceitos da comunicação não violenta (CNV) e de visão sistêmica,

---

[1] Marshall B. Rosenberg, *Comunicação não-violenta*: técnicas para aprimorar relacionamentos profissionais, São Paulo, Ágora, 2006.

baseados no pensamento sistêmico. É esse processo que chamo de comunicação sistêmica. E que, quando usado como base para processos de inovação, chamo de inovação não violenta.

Aliás, o nome inovação não violenta surgiu de uma forma bem interessante. Em uma de minhas palestras sobre esse tema, um participante me abordou ao final e, muito entusiasmado com o assunto, começou a falar comigo sobre a minha proposta de inovação, que ele decifrou como inovar a inovação.

Nessa conversa, ele falou que a palestra havia inspirado a inovação não violenta. Amei o nome e, na mesma hora, pedi autorização para utilizá-lo no título deste livro, já em desenvolvimento na ocasião.

Esse participante, Marcio Dupont, experiente designer de produto físico, inovação social e sustentável, se tornou parceiro nos projetos de inovação da Flyflow.

Deixo aqui meus contatos para abrirmos um canal de comunicação:

Inovação não violenta:

Instagram: @inovacaonaoviolenta

Facebook: www.facebook.com/inovacaonaoviolenta

Fernanda Dutra:

fernanda.dutra@flyflow.com.br

Instagram: @fernandadutra.cnv

Facebook: www.facebook.com/fernanda.dutra.12

Linkedin: www.linkedin.com/in/fernandadutrarente/

Flyflow: www.flyflow.com.br

Instagram: @inova.flyflow

Facebook: https://www.facebook.com/inovaflyflow/

1.1. A comunicação não violenta

Quando falo em comunicação não violenta – ou CNV, como é conhecida no mercado –, há quem pense se tratar de técnicas para se comunicar de forma dócil e delicada. Mas ela não se resume à entonação da fala. A comunicação não violenta é uma metodologia criada pelo psicólogo americano Marshall Rosenberg que nos permite ir além dos nossos filtros e entendimentos na comunicação e perceber que muitas das coisas que recebo como expressão da outra pessoa são, na verdade, interpretações minhas baseadas no que acredito e vejo no mundo.

Rosenberg viveu em Detroit, uma cidade violenta, sofreu bullying na escola e seguia os ensinamentos do Gandhi. Em suas pesquisas, ele se questionava por que algumas pessoas são violentas e outras não, e chegou à conclusão de que, na realidade, todos somos violentos.

Quando dou essa explicação em algum treinamento, sempre tem alguém que diz: "É verdade, há dias em que perco a cabeça", ou "O instinto está em todos nós". Associamos a violência a algum tipo de agressividade, seja física, emocional ou verbal. Claro que agressão é uma violência, mas não a única forma. Rosenberg nos traz a consciência de violências veladas, como a passividade. Por exemplo, quando alguém do meu lado precisa de ajuda, posso ajudar e não faço nada, isso não é violento?

A rejeição, a indiferença, também são violências passivas que causam muitos danos. Aliás, gritar com uma criança não a machuca tanto quanto ignorá-la. Isso sem contar as pessoas que, falando baixo, parecem calmas, mas que podem ser violentas ao dizer coisas que machucam o outro. Há aquelas que não falam o que gostariam, mas induzem os outros a falar, gerando fofoca ou tornando a questão ainda mais agressiva, incitando a violência de forma passivo-agressiva.

Essa violência que ninguém vê pode ser perigosa, pois nem sempre é tratada ou temos as defesas necessárias. Rosenberg, que foi intermediador de conflitos de guerra, chegou a declarar que a maior violência que viu foi justamente nas organizações, já que, na guerra, as pessoas sabem o que vão encontrar e, portanto, têm mais possibilidades de defesa.

A passividade pode ser uma grande alavanca para a violência. No mundo corporativo, é comum ver pessoas passivas, que não resolvem os conflitos por medo de falar o que pensam e, assim, ficar mal com algum colega ou perder o emprego. O resultado disso é a geração de conflitos ainda maiores. Evitar o conflito pode ser bem danoso.

Vamos pensar num exemplo de como a passividade vira uma bola de neve para os conflitos: duas colegas de trabalho têm uma discussão e uma delas decide que não vai mais tocar no assunto porque não quer que a outra fique chateada. No dia seguinte, ela chega como se nada tivesse acontecido e cumprimenta a colega como faz todas as manhãs. Só que a questão entre elas não foi resolvida. A colega estranha aquele cumprimento e supõe que a outra, em vez de conversar, prefere fingir que nada aconteceu. Como sente que a outra está diferente, também passa a se comportar de forma distinta. A que havia decidido não mais falar sobre a discussão fica magoada porque, apesar de pensar que foi nobre ao não querer brigar, acha que a outra não entendeu e adotou um comportamento estranho com ela. Decide, então, não falar mais com a colega. O que poderia ser resolvido com uma boa conversa, em que ambas estivessem abertas e desarmadas, acabou com o rompimento de uma relação graças à passividade das duas.

Antes de mais nada, em todas as situações é preciso deixar o egocentrismo de lado. Nem tudo é sobre mim, ou contra mim. Um outro exemplo: quando envio uma mensagem pelo WhatsApp e vejo que o destinatário já a recebeu e leu, mas não retornou, começo a pensar que ele não deu importância, que não me priorizou e mais um monte de coisas. O correto seria tirar o foco de mim mesma e pensar que, de repente, meu interlocutor está superatarefado ou simplesmente não quer responder naquele momento porque tem outros temas mais urgentes na cabeça.

A boa notícia é que Rosenberg destacou nosso lado violento, mas observou também que temos um lado compassivo natural. Foi a partir dessas conclusões que ele criou a comunicação não violenta. De maneira simplificada, a CNV significa pôr em prática a empatia que nos habita para irmos além do que parece óbvio. A comunicação não violenta começa quando decido enxergar todo o cenário e compreendo que nem sempre sou o centro da questão. Preciso, em todas as situações, pôr-me no lugar do outro.

Aliás, as crianças mostram o tempo todo esse lado compassivo natural citado por Rosenberg. Tenho dois filhos. Uma vez, ao buscá-los na escola, a minha filha mais velha comentou que o caçula sempre ia à sala dela e abraçava todos os seus amigos. Eu achei aquilo interessante, já que são cinco anos de diferença entre eles e, teoricamente, não havia muitos motivos aparentes para que ele fizesse isso.

Ao perguntar para o Nicolas, meu filho mais novo, por qual motivo ele abraçava os amigos da irmã, a resposta dele foi:

– Porque tenho amor por eles!

E quando perguntei o que o fazia ter amor por eles, ele falou:

– Porque eles tratam bem a Bela (Isabela é a irmã).

Ou seja, eu os amo porque tratam bem quem eu amo. Isso faz parte da natureza humana, mas, por uma série de filtros, vai ficando oculto em nós.

A CNV já é adotada em mais de sessenta países para resolução de conflitos de guerra, não como forma de evitar conflitos, mas de lidar com eles.

Uso a CNV de várias formas: para resolver conflitos, gerar mais conexão com as pessoas, preparar líderes e pessoas para a empatia no atendimento ao cliente, nas vendas ou até mesmo nos relacionamentos empresariais, e também como base para projetos de inovação, já que, para criar soluções, é preciso antes se conectar com os problemas apresentados e com as pessoas envolvidas. Criar algo inovador só faz sentido quando realmente queremos atender alguém em suas necessidades ou trazer algo de melhor ao mundo. É preciso saber lidar com as diferenças, com as realidades de mundo diferentes da que vivemos, e, mais do que isso, aprender a se comunicar além do que nossos filtros permitem. Não é uma tarefa fácil, mas é extremamente prazerosa quando bem-sucedida.

Na CNV, existem quatro componentes essenciais para que a comunicação ocorra além do óbvio, ou seja, para que eu possa ter uma compreensão mais profunda do que de fato ocorre no processo entre o que comunico e o que o outro entende, e vice-versa. Os quatro componentes são: observação, sentimento, necessidade e pedido.

1.2. O desafio da empatia

Roman Krznaric cita no livro, *O poder da empatia*:

> *As origens da palavra inglesa empathy podem ser encontradas no termo alemão Einfuhlung, que significa literalmente "sentir em". O termo foi popularizado no século XIX por um filósofo alemão, hoje esquecido, chamado Theodor Lipps (que era muito admirado por Freud), como um conceito em estética filosófica que se referia à nossa capacidade de "sentir em" obras de arte e na natureza e ter uma reação emocional, em vez de racional, a elas. Em 1909, o psicólogo americano Edward Titchener decidiu que era hora de Einfuhlung ter um equivalente inglês, por isso inventou a palavra empathy (baseada no grego antigo, empatheia, que significa "in"+ "sofrimento"). Desse momento em diante, o significado de empathy sofreu uma série de metamorfoses, criando uma herança linguística complexa que requer algum esclarecimento.*[2]

---

2   Roman Krznaric, *O poder da empatia*: a arte de se colocar no lugar do outro para transformar o mundo, Rio de Janeiro, Zahar, 2015.

1. O FASCÍNIO PELA COMUNICAÇÃO

Quando falo de comunicação, muitos acham que basta ter simpatia para que o outro se conecte comigo. Um ledo engano, até porque simpatia sem empatia muitas vezes prejudica mais do que ajuda. Quem nunca conversou com alguém supersimpático e agradável, mas que não o ouviu com atenção genuína? É simplesmente horrível, não é mesmo?

Não estou falando que simpatia é um aspecto negativo, aliás, simpatia atrelada à empatia é realmente muito boa e agradável. O problema é ser cordial, atencioso, sem profundidade, sem real interesse pelo outro ou preocupação de entender a lógica do outro. Simpatia é muito boa, desde que seja um complemento da empatia, que é se pôr no lugar do outro.

Opa... não é tão simples!

Não é se pôr no lugar do outro sendo você, é se pôr no lugar do outro sendo ele. Todos nós, provavelmente, temos essa capacidade. Muitas vezes, sinto empatia pelo outro, mas o problema é que não consigo demonstrar... E aí fico desconectada. O problema é que empatia é algo bem mais complexo.

Para começarmos a entender um pouco mais sobre empatia na visão da comunicação não violenta, gostaria de analisar um caso real. Uma vez, um personal trainer, em um processo empático com sua cliente, engordou 30 quilos para ver as dificuldades do processo de emagrecimento. Você deve estar imaginando ter sido uma atitude muito nobre e empática, não é mesmo?

De fato, nobre foi, mas não tão empática assim, já que emagrecer 30 quilos para ele é completamente diferente do que para uma pessoa obesa. O treinador tinha hábitos de um atleta, no que tange à alimentação, e seu corpo tem a memória de um corpo magro, ou seja, um metabolismo mais acelerado, além de ele praticar esportes e ter um condicionamento físico atlético. Ele emagreceu em apenas cinco meses os 30 quilos adquiridos. Acredito que não seja tão simples para uma pessoa obesa atingir tal resultado. Claro que a atitude dele em si foi empática, ele quis sentir a dor da sua aluna, chegando, inclusive, a comentar sobre a dificuldade de amarrar um tênis naquelas condições.

A atitude dele é empática, mas ele fica limitado a uma realidade que é do outro, que ele jamais consegue viver. Ele pode se aproximar um pouco mais, entender um pouco mais, mas ainda assim não experimenta a mesma jornada, com a mesma ótica.

Empatia não é tão simples quanto parece, aliás, nada simples! Isso porque não tenho os mesmos valores e crenças de outra pessoa, o que é importante para mim não é necessariamente para outro. Confesso que, às vezes, ao ouvir o problema de outra pessoa, posso pensar que não é tão complicado, mas quando penso na realidade da outra pessoa, passo a ver que para ela é. Não posso ser a outra pessoa e ter as dores dela, mas sou capaz de compreender seus sentimentos e necessidades que levaram a determinados comportamentos.

Empatia tem a ver com o exercício de ver o ocorrido sob a lente de outra pessoa, de sair do seu mundo, de sua realidade.

> "Se apenas houvesse uma única verdade, não poderiam pintar-se cem telas sobre o mesmo tema" *(Pablo Picasso)*

1.3. Observação

A observação é a minha capacidade de observar sem avaliar, sem julgar. Mas é possível não julgar? Na verdade, o julgamento é a resposta mais rápida que meu cérebro dá para as circunstâncias, uma vez que julgar é usar minhas próprias referências como base no que outra pessoa está fazendo. O problema é que as referências da outra pessoa são completamente diferentes das minhas.

Julgar é uma autodefesa, pois é como dar uma resposta instantânea ao que não quero conhecer. Parto das minhas referências e me livro do

1. O FASCÍNIO PELA COMUNICAÇÃO

problema de certa forma. Aliás, o cérebro equivale a 2% ou 3% do peso corporal mas consome 25% de toda a energia do corpo, sem fazer grandes esforços. O julgamento não deixa de ser uma forma que meu sistema de autopreservação cria para economizar energia, já que o não julgamento requer um esforço de entendimento da situação sob vários pontos de vista diferentes dos meus.

É provável que eu julgue ainda sem ter essa intenção. Por isso, um grande passo é ter consciência disso e instalar uma dúvida no lugar da certeza, e se questionar se realmente os fatos são como parecem ser. Por mais que tudo leve a crer a respeito de tal circunstância, é preciso se perguntar se realmente é isso o que ocorreu e procurar entender sobre outros vieses.

O meu olhar de mundo é ainda muito estreito perante o que de fato ocorreu, e nem tudo é o que parece ser. Inclusive, no pensamento sistêmico, existe a questão da complexidade de mundo, que diz exatamente isso. Ter uma maneira simplista de ver as coisas pode mesmo ser prejudicial em muitas coisas. Tendemos a acreditar naquilo que vemos, quando na verdade o que vemos é só um pedaço de um evento.

Uma vez, em um treinamento, ao explicar essa teoria, uma moça logo me contou uma história cômica, não fosse trágica. Ela me disse que, em determinada circunstância, usava batom vermelho em um metrô na Grande São Paulo, e quando o veículo deu um solavanco, ela caiu de boca na camisa branca de um homem. Este ficou desesperado e pediu para ela que gravasse um vídeo explicativo para sua esposa. Imaginem a situação do sujeito? Sinceramente, eu não gostaria de estar no lugar dele. O mais engraçado dessa história é que ele gravou a moça dando depoimento que havia caído em sua blusa no metrô.

Difícil mesmo explicar algumas situações; seria bem mais fácil se os diálogos levassem à confiança mútua. Nesse caso, a dúvida é mais benéfica que a certeza, já que as certezas podem me levar a acreditar nos meus julgamentos.

O primeiro componente da CNV é saber separar o que observo do que avalio das coisas, e isso aumenta a probabilidade de estabelecer uma comunicação com a outra pessoa. Por outro lado, ao incluir minhas avaliações no que observo, ou seja, meus julgamentos, imediatamente as pessoas reagem e se sentem criticadas. As observações devem se restringir ao momento e ao fato propriamente ditos, sem nenhuma generalização. O hábito de perguntar o que houve antes de ter conclusões precipitadas é algo que poucos fazem e que ajuda muito nesse processo.

Observar é ser capaz de olhar além dos nossos filtros, isso inclui os rótulos que pomos nas pessoas. Por exemplo, há uma grande tendência de ver uma pessoa como ela é e decretar essa visão como definitiva, como se as pessoas e o mundo não mudassem o tempo todo.

Observar é ter consciência de que o mundo é muito maior do que minha capacidade de visão, e que as pessoas agem de determinada forma por suas razões, que, embora possam nos parecer sem sentido, para elas têm todo um caminho lógico, que leva a comportamentos e atitudes aos quais se submetem.

1.4. Sentimento

Já que observo mais os fatos, percebo que, por trás de comportamentos, existem sentimentos. Até mesmo para as pessoas mais lógicas, são os sentimentos que propulsionam os comportamentos. As decisões, em geral, são emotivas, por mais que racionalizemos as mesmas.

Sentir é um processo intrapsíquico com o qual todo ser humano vem programado. É natural e normal que tanto o homem quanto a mulher sintam raiva, medo, tristeza, alegria e afeto.

Expressar verbalmente é traduzir a emoção por palavras. Esse processo verbal é o grande diferencial do homem em relação aos outros animais: o poder das palavras. Sendo as palavras símbolos mentais, a expressão

1. O FASCÍNIO PELA COMUNICAÇÃO

verbal é algo extraordinário na vida humana: a palavra tem o poder de curar quando expressa de modo adequado, como também faz adoecer, e até matar, quando expressa de modo inadequado. Há palavras que alegram e as que entristecem, ou seja, induzem a algum sentimento. Enfim, as palavras têm substância e poder, representam o fio de ouro do pensamento, das crenças e dos sentimentos.

Expressar como me sinto perante os fatos pode ser um grande desafio, afinal, não é só meu pai que foi criado em um determinado paradigma. De certa forma, muitos de nós fomos criados sob o paradigma de que demonstrar sentimentos é também demonstrar vulnerabilidade, e isso, por consequência, seria demonstrar fraqueza, o que não é necessariamente uma verdade.

Para Brené Brown, pesquisadora, palestrante e escritora, autora do best-seller *A coragem de ser imperfeito*[3], a vulnerabilidade é o que nos conecta de forma mais genuína, podendo ajudar a resolver conflitos. Ela afirma que a vulnerabilidade não é algo bom nem mau: não é o que chamamos de emoção positiva ou negativa, luz ou sombra; é, na verdade, o centro de todas as emoções e sensações. A ideia de que estar vulnerável seja sinal de fraqueza é o mito mais amplamente aceito e também o mais perigoso de acordo com a autora, já que, assim, em vez de respeitar e admirar a coragem e a ousadia que estão por trás da vulnerabilidade, deixo o medo e o desconforto se tornarem julgamento e crítica.

Sei o quanto é difícil expressar sentimentos, e que muitos se calam mesmo estando tristes e insatisfeitos com uma situação para evitar a exposição ou o conflito. O problema é que, ao me afastar do conflito, ele se agrava. A falta de diálogos sinceros pode levar de uma pequena discórdia ao rompimento de um elo até o final da vida.

Se acredito que não posso expressar a minha vulnerabilidade, deixo de demonstrar meus sentimentos, e isso impede que eu me conecte com

---

3   Brené Brown, *A coragem de ser imperfeito*: como aceitar a própria vulnerabilidade, vencer a vergonha e ousar ser quem você é, Rio de Janeiro, Sextante, 2016.

as pessoas pelas quais sinto atração, por receio de ser rejeitada, ou de expressar meu amor por quem divide uma vida comigo, de pedir ajuda ou algo similar, já que sempre devo ser forte. A pessoa que sente ciúmes, por exemplo, em vez de expressar seu amor, sua insegurança e desejo de sentir-se mais amada, expressa muitas vezes reações de raiva e de ataque. Por isso, é muito difícil nos conectarmos, já que não expressamos o que verdadeiramente sentimos.

Comunicar minhas emoções ajuda muito no entendimento da relação, e isso inclui relações de trabalho, processos de criação, desenvolvimento e estratégias de inovação. Projetos de inovação pedem muito que equipes heterogêneas e multidisciplinares trabalhem juntas para, com isso, gerar uma visão mais abrangente sobre o cliente. Como isso é possível se não consigo lidar com as pequenas divergências do dia a dia? Saber lidar com pessoas que têm um modelo mental diferente do meu é um processo desafiador.

É muito comum que pessoas que vivem juntas não conheçam ou saibam o que o outro está sentindo, e em ambientes de trabalho isso é ainda maior. Compartilhar sentimentos entre equipes pode ser um caminho muito rico, capaz de facilitar o processo empático de entender os clientes.

Tiago Petreca, consultor e palestrante, especialista em modelos mentais, usou certa vez uma metáfora que achei brilhante. Quando demonstro minha vulnerabilidade, é como se eu me tornasse uma peça de quebra-cabeças que tem um encaixe perfeito com outra peça que se conectou comigo. Quando não demonstro essa vulnerabilidade, sou no máximo um quadrado que se aproxima de outro, sem encaixe.

Para entender os sentimentos que originam um comportamento, é preciso depositar muito foco e empatia na outra pessoa, entender sob a perspectiva do outro, seus sentimentos, e expressar os meus. Desenvolver um vocabulário de sentimentos que me permita nomear ou identificar de forma clara e específica minhas emoções me conecta mais facilmente com os outros.

É fácil confundir sentimentos com pensamentos. Por exemplo, em frases nas quais a palavra "sentir" é substituída pelo termo "pensar". "Sinto que não negociei da melhor forma", na verdade, poderia ser: "Penso que não negociei da melhor forma". Geralmente a palavra "sentir" não é expressa quando realmente demonstro meus sentimentos. Por exemplo, posso dizer: "Estou me sentindo triste" ou apenas: "Estou triste".

Inferências podem ser confundidas com sentimentos, ou seja, o que acho que sou e não o que sinto, tal como: "Sinto que sou má cantora", quando na verdade: "Sinto frustração de não ter habilidade como cantora". Muitas vezes, confundo o sentimento com o que acho que os outros pensam sobre mim, ou seja, com inferências. "Sinto-me insignificante para você." Na verdade, acho que, para você, sou insignificante, mas isso não é o meu sentimento.

Entender sentimentos, tanto o meu quanto do outro, requer atenção, foco e necessidade de distinguir sentimentos de pensamentos, avaliações e interpretações. É importante entender que o que os outros fazem pode ser o estímulo para meus sentimentos, mas não a causa. É muito comum atrelar nossos sentimentos a um culpado externo, quando na verdade o sentimento ocorre por conta do que eu interpreto do mundo ou das coisas, e não das ações da outra pessoa. Ninguém é capaz de me ofender a não ser que eu valide isso. Quando alguém tenta me ofender, posso fazer um exercício de entender o que leva a pessoa a agir assim, que sentimentos a conduziram a tal comportamento.

1.5. Necessidade

Julgamentos, críticas, diagnósticos e interpretações dos outros, de acordo com Rosenberg, são todas expressões alienadas das minhas próprias necessidades. Quando alguém me diz: "Ninguém nunca me ouve", está, na verdade, expressando que sua necessidade de ser ouvida não vem sendo satisfeita.

O problema disso é que, ao expressar minhas necessidades dessa forma, elas geralmente são interpretadas como críticas, e, sendo assim, a reação mais natural é de autodefesa e contra-ataque. Conectar minhas necessidades aos meus sentimentos pode ajudar a ter uma comunicação mais clara, afinal, quando expresso minhas necessidades, tenho mais chances de vê-las satisfeitas.

O terceiro componente são justamente as necessidades que existem atrás dos comportamentos, que estão absolutamente envolvidas com meus sentimentos. Entender que quando alguém, e esse alguém pode ser a gente mesmo, age com alta expressividade, ou seja, com agressividade, ou passividade, ou qualquer outra forma violenta de comunicação, é porque essa pessoa tem necessidades não atendidas.

Reconhecer as necessidades que estão por trás dos sentimentos me tira do centro do universo. Entendo que quando alguém está nervoso, não necessariamente é algo contra mim, mas que pode ser uma necessidade não atendida que levou a pessoa àquele sentimento.

Rosenberg dizia que todos nós temos necessidades universais. O que nos diferencia não são as necessidades, e sim as estratégias que escolhemos para satisfazê-las com base nas nossas referências e possibilidades.

Vou exemplificar para ficar mais fácil a compreensão. Imagine que estou com uma criança que geralmente se comporta bem, não é mimada nem escandalosa. Essa criança resolver fazer aquele show em público, e, claro, os olhares ao meu redor são de reprovação e de julgamento. A reação automática seria dar-lhe uma bronca e pô-la de castigo, mas será que não valeria a pena entender quais sentimentos e necessidades não atendidas a levaram àquele comportamento? Uma criança, dentro de suas possibilidades e realidade de mundo, ao sentir-se com medo, insegura ou com falta de atenção, não tem um repertório tão grande de ações, podendo ter recorrido a esse recurso por não encontrar outra forma de obter o que precisa.

Isso quer dizer então que está certa em agir assim? Compreender o que levou o outro a agir como está agindo não é necessariamente concordar ou aprovar o comportamento. Mas se entendo o que levou a criança a sentir medo ou insegurança, posso resolver o problema de forma mais efetiva, tendo um diálogo e mostrando outras formas de expressar esses sentimentos. São os diálogos essenciais que fortalecem a conexão entre pais e filhos, por exemplo.

Isso ocorre de várias formas nas empresas, porque, quando alguém age de uma maneira que a maioria não aprova, o clima da equipe fica muito abalado em meio a fofocas ou julgamentos inapropriados. Se, em vez disso, eu promover um ambiente no qual se busquem as causas, talvez o senso de equipe ficasse mais fácil de ocorrer. Isso é a base para qualquer processo de criatividade e inovação, caso contrário o trabalho com equipes multidisciplinares fica mesmo afetado.

Na verdade, um dos maiores desafios da comunicação é que, por trás das falas, podem existir informações a que nem sempre nos atentamos. Alguns exemplos:

"Não aguento mais você ficar me controlando o tempo todo."

A necessidade por trás dessa fala é de liberdade e autonomia.

"Você só sabe reclamar!"

A necessidade aqui é de reconhecimento e valorização

"Sério que terei de repetir isso mais uma vez?"

A necessidade de ser ouvida, de ter a atenção da outra pessoa.

O grande desafio nesse processo é que as ações. muitas vezes, vêm de processos inconscientes. Por isso, a primeira etapa é de auto-observação, ou autoconexão e entendimento das minhas necessidades, para depois se compreender as necessidades da pessoa que está se comunicando comigo e, por fim, as necessidades das pessoas que estão ao redor, já que minhas ações podem interferir de forma coletiva.

É interessante que muitas empresas fomentam a cultura de inovação sem ter esse cuidado; fico pensando como as equipes podem de fato inovar se não tiverem esse nível de conexão entre si. A inovação exige que pessoas que pensam de forma diferente se complementem em suas ideias e, mais do que isso, sejam capazes de compreender o que o consumidor final daquele produto ou serviço realmente precisa. Isso tudo requer, não só perante sua equipe, mas perante seu cliente, esse exercício das necessidades. Um cliente irritado ou ansioso, ou que apresente qualquer outro comportamento de incômodo, é alguém que precisa de sua ajuda e do seu talento para trazer soluções para suas necessidades não atendidas.

É tão mais fácil lidar com os conflitos dessa forma, não é mesmo? Afinal, as pessoas não estão contra você, mas apenas dentro de suas próprias realidades, vivendo seus conflitos pessoais, e todos nós podemos nos ajudar mutuamente. Rosenberg dizia que, por trás de um comportamento, há uma necessidade, e que toda agressão é uma expressão trágica de uma necessidade não atendida.

E quando entendo as necessidades do outro, mas não concordo com elas, ou elas me violam nas minhas? Como devo agir? Chegamos ao quarto componente, que é o pedido.

1.6. Pedido

O pedido não deixa de ser uma negociação integrativa, porque quando sou capaz de compreender, a partir de minha observação e do aprofundamento da situação, os sentimentos envolvidos tanto comigo quanto com a outra pessoa, sou capaz de formular pedidos mais congruentes e que geram ganhos para ambos os lados. Aqui, formulo um pedido para que aquilo que me viola de alguma forma não continue acontecendo, mas esse meu pedido é algo que vou fazer pensando também no outro lado da moeda, compreendendo as necessidades da outra pessoa e, mais do que isso, as necessidades de tudo e de todos ao meu redor. A negociação só é boa quando dá bons resultados para todos, não é mesmo? De que adianta pedir algo que beneficie a mim e a pessoa com quem estou negociando e comprometer tudo o que está ao meu redor?

Formular pedidos não é tão simples, tampouco prático, pois exige esse olhar mais abrangente das coisas e, ademais, não pode soar como exigência. Pedir não é exigir, é apenas mostrar com bons argumentos o motivo por que aquilo não é bom e por que sua sugestão pode ser boa para todos.

O problema é que a prática leva muito mais a exigências do que a pedidos genuínos, a se ver em falas como: "Mereço um aumento", "Você deveria fazer...", "Como não pensou em tal coisa...". A exigência pode levar o outro a entrar na defensiva e, com isso, não sentir vontade de fazer o que você sugere.

Há as motivações extrínsecas, ou seja, que estimulam de fora para dentro, e as motivações intrínsecas, que ocorrem na via inversa. A motivação intrínseca ocorre de forma interna e tem a ver com seu "eu interior". Houve interesse, gerou prazer, ou me senti desafiada a fazer aquilo. Os indivíduos geralmente estão mais aptos às atividades com motivação intrínseca, quando se sentem em harmonia com seu "eu interior" e com certa autonomia. Uma exigência certamente não conduz a esse estado.

Além disso, esse nível de motivação leva o indivíduo a ter mais conexões com as pessoas para produzir algo que faça a diferença, assim como pôr à prova minha competência pessoal para gerar a realização. O pedido só é bom se for bom para todo mundo. Ao fazer um pedido, pense nas necessidades e sentimentos do outro, nas suas necessidades e sentimentos e também das pessoas que estão ao seu redor, que certamente serão afetadas por suas decisões.

Ao fazer um pedido, meu intuito é que as pessoas entendam as minhas necessidades, por isso ser específico ao pedir é muito importante para que a necessidade seja de fato atendida. Além disso, o olhar empático de entender a necessidade do outro sempre vai ajudar a chegar a um pedido que seja bom para todos.

1.7. Transformando significado em sentido

Quando exijo algo de alguém, essa pessoa dificilmente se sente realizada em fazer aquilo. Por outro lado, posso gerar um sentido na pessoa que a leve a pensar sob outro ponto de vista e, com isso, o que dentro de minha visão é interessante, agora passa a ser interessante também para ela.

Como fazer isso? Aprendi com Joyce Baena, consultora especialista em comunicação, este conceito, que acho fantástico, de transformar significado em sentido. Ou seja, o que falo tem um significado que gera sentidos diferentes nas pessoas. Gerar sentido no outro requer fazer um trabalho de observação bem mais apurado.

Aquilo que estou falando tem um significado para mim, é a solução do problema sob o meu ponto de vista. Para começar a fazer sentido para o outro, preciso primeiramente pensar por que o outro deve fazer o que estou dizendo. Que benefícios o outro teria com isso? Ou, pelo menos, que problemas essa pessoa iria evitar com isso? Mas o mais importante: como posso adaptar a minha linguagem de uma forma que, para o outro, se torne simples e a pessoa a entenda claramente? Se puder levar a minha linguagem para dentro do universo da outra pessoa é ainda melhor, com coisas que são de relevância para essa pessoa.

Pedir não é exigir, é o processo de gerar ao interlocutor uma reflexão sobre o assunto e, se fizer sentido para ele, ativar nele uma motivação intrínseca que o leve a fazer o que está sendo pedido porque quer, não porque você está exigindo isso dele.

O processo se torna muito mais efetivo e poderoso. Imagine que, dentro de uma empresa, eu precise mostrar meu ponto de vista para um colega de trabalho que pensa completamente diferente de mim, que tem valores de todo diferentes dos meus. O processo de criação fica bastante prejudicado, visto que ou vai gerar conflito, ou, o que é pior, o conflito não acontece, mas a pessoa só me ouve por educação e continua seguindo o que ela acha correto, sem nenhuma ponderação ou construção em equipe – que é o que mais vejo nas empresas.

É preciso dar embasamento para que as pessoas aprendam a lidar com as diferenças de pontos de vista e de formas de pensar, e isso certamente é fortalecido com o uso das metodologias de inovação.

> "A comunicação, incluindo a rara arte de ouvir, é mais necessária do que nunca em nossa era digital; à medida que o ritmo de mudança acelera exponencialmente, a tecnologia se torna mais complexa e setores inteiros são interrompidos da noite para o dia com modelos de negócios imprevistos. Simplificando, as pessoas ouvem principalmente para responder, em vez de entender. No entanto, a digitalização exige uma escuta ativa do ecossistema para sobreviver e desenvolver estratégias colaborativas com startups, parceiros e clientes em todo o mundo" *(Alex Goryachev)*[4]

Dar sentido a alguém é uma forma de despertar o interesse do outro pelo que estou falando, para, de fato, abrir a possibilidade de uma construção de pontos de vista diferentes. E dar sentido para alguém requer pesquisar e entender o mundo do outro para isso, o que torna o processo ainda mais rico em conexão.

---

4 Alex Goryachev, Three Reasons Why Innovation Is All About Communication, *Forbes Communications Council*, 5 fev. 2018. Disponível em: <https://www.forbes.com/sites/forbescommunicationscouncil/2018/02/05/three-reasons-why-innovation-is-all--about-communication/#418323f56e5c>. Acesso em: 15 ago. 2019.

Só o processo de entender o que de fato é valoroso e interessante para o outro, para que eu possa adequar a minha linguagem, já é um trabalho substancial e de grande conexão. Depois, transformar o que ganho em ganho também para o outro promove um olhar que vai além do meu mundo e que me treina para a inovação, já que inovar demanda entendimento do mundo sob olhares diferentes do meu.

1.8. Entre a empatia e o que nos move

A empatia pode ser usada para um processo de desenvolvimento de ideias em grupo, assim como para entendimento mais profundo do cliente. É entender além do óbvio. Isso demanda, sem sombra de dúvida, o exercício da escuta sensível, que permite ouvir as vozes do mundo que estão ao nosso redor. Lembrando que esse é um processo de entendimento do outro e de suas motivações.

Motivação vem do latim *movere*, que representa uma força motora que nos impulsiona para a ação. Não um agir mecânico, sem consciência, mas algo que ascende em nós e nos instiga, uma força interna que nos leva a realizar coisas. Quando dizemos que estamos desmotivados, por exemplo, não quer dizer que não faremos determinada ação, mas que a faremos de forma superficial. A motivação, por si só, é algo que vem de dentro para fora, mas muitas vezes criamos subterfúgios de fora para dentro para estimular a motivação, para isso chamamos de motivações extrínsecas, como por exemplo a busca por recompensas, ou evitar punições ou até mesmo exigências externas. Isso é muito usado por pais quando "ameaçam" filhos ou prometem coisas para que estes façam o que lhes foi pedido. Mas não é muito diferente da postura que alguns líderes adotam no dia a dia com seus funcionários.

Motivar pela busca de ter algo em troca pode funcionar no curto prazo, pela vontade de se ganhar algo ou o medo de se perder algo, mas não é sustentável. Existe um estudo que mostra que isso pode ser um verdadeiro tiro no pé, pois algo que poderia ser feito pelo simples fato de ser uma tarefa prazerosa passa a ser feito somente se houver uma possível recompensa por aquilo. Exemplo disso é que a maioria das crianças adora desenhar, atividade que, intrinsicamente, é prazerosa por si só. Agora, imagine que você passe a dar recompensas para as crianças que desenharem. A partir daí, só vão querer desenhar se tiverem algo em troca. Você acabou de destruir o que se mostrava prazeroso naturalmente.

Aliás, chamamos de motivação intrínseca justamente essa motivação natural de dentro para fora, em que o indivíduo se engaja em algo por vontade própria e gera comprometimento e envolvimento. Além disso, toda ação que é feita em troca de algo traz a nós, inconscientemente, um certo egocentrismo. Ou seja, só faço se ganhar algo, e não porque há um propósito mais coletivo.

A motivação extrínseca não ocorre só dessa forma, às vezes vem de forma introjetada, ou seja, a pessoa age por culpa ou vergonha e se sente na obrigação de fazer algo. Rosenberg dizia que uma das maiores violências que cometemos conosco é o processo de culpa e vergonha. Qualquer culpa ou vergonha pressupõe que agi errado em um processo no qual existiria o caminho correto a seguir, e isso não existe. O que fiz pode não ter gerado o resultado que esperava, mas foi o melhor que tinha a oferecer dentro da minha consciência e percepção daquele instante de vida. Tentar fazer algo porque me sinto culpado ou com vergonha, mas que não é o que realmente desejo fazer, só vai aumentar a violência que crio para mim mesma.

Pode ser que, em uma motivação que venha de fora, seja desencadeado um sentido para mim que se torne o que chamo de regulação identificada; isso significa que vejo ganho em fazer aquilo e por isso me convenço a fazer, independentemente dos ganhos externos propostos. Nesse caso, a motivação extrínseca está ali, mas na verdade ela se transmutou para uma motivação mais intrínseca. Que é a mesma situação do que chamo de regulação integrada, na qual a pessoa, frente à motivação extrínseca que teve, se identificou e foi congruente com seus valores e interesses pessoais.

Mas, ainda assim, é diferente da motivação intrínseca, porque a pessoa age para ter resultados pessoais, mas não necessariamente por prazer em fazer. Só a motivação intrínseca implica amor no que se faz, sendo, com isso, uma autodeterminação poderosa.

Elaborar pedidos é ter o exercício da empatia da visão sistêmica, para que eu possa de fato pensar em soluções que tragam ganhos para todos.

Empatia é entender as motivações do outro ainda que elas não tenham nada a ver com as minhas. Tentar compreender o que leva o outro a agir como agiu é um ponto fundamental no processo empático, sem que, para isso, sejam inclusos meus julgamentos ou impostas como certas apenas as minhas motivações.

Roman Krznaric diz que a empatia é uma consciência constante do fato de que nossos interesses não são os interesses de todo mundo e de que nossas necessidades não são as necessidades de todo mundo, e que algumas concessões devem ser feitas a cada momento.

> "Não acho que a empatia seja caridade, não acho que seja sacrifício pessoal, não acho que seja prescritiva. Acho que a empatia é uma maneira em permanente evolução de viver tão plenamente quanto possível, porque ela expande nosso invólucro e nos leva a novas expectativas que não poderíamos esperar ou apreciar até que nos fosse dada a oportunidade" *(Roman Krznaric)*[5]

---

5   Krznaric, op. cit.

2

2. A TRANSMUTAÇÃO PELA COMUNICAÇÃO

> "O mundo – uma projeção – é um retrato externo de uma condição interna" *(Kenneth Wapnick)*

Como tornar mais natural o processo de inovação de produtos ou serviços? Nessa busca, inspirei-me na proporção divina. Um arco harmonioso que evolui e regenera infinitamente, encontrado na natureza.

A proporção divina ou razão áurea foi descoberta por Leonardo da Vinci ao pesquisar a simetria da natureza fractal em rios, árvores e vasos sanguíneos. Se olharmos para os números na sucessão de Fibonacci, as razões levam à aproximação da proporção divina.

Gosto muito de uma frase de Leonardo da Vinci: "A arte nunca é terminada, apenas abandonada". Assim o é com a inovação, que sempre pode ser aprimorada a cada dia. Tanto é verdade que a evolução trouxe maior globalização, interdependência, complexidade, acesso a múltiplas culturas, diversidade e o desafio de nos relacionarmos.

O retângulo da proporção divina pode ser traçado aninhando quadrados de números de Fibonacci ao lado uns aos outros. O lado longo do retângulo de ouro é 1.61803399 vezes maior que seu lado curto. Ele tem a propriedade que pode subdividir, escalando e girando a mesma forma para caber dentro de si perfeitamente para sempre. Se o preenchimento do retângulo for continuado redimensionando e girando cópias em si mesmo, será possível observar uma espiral logarítmica; o fator de escala é a proporção divina.

2. A TRANSMUTAÇÃO PELA COMUNICAÇÃO

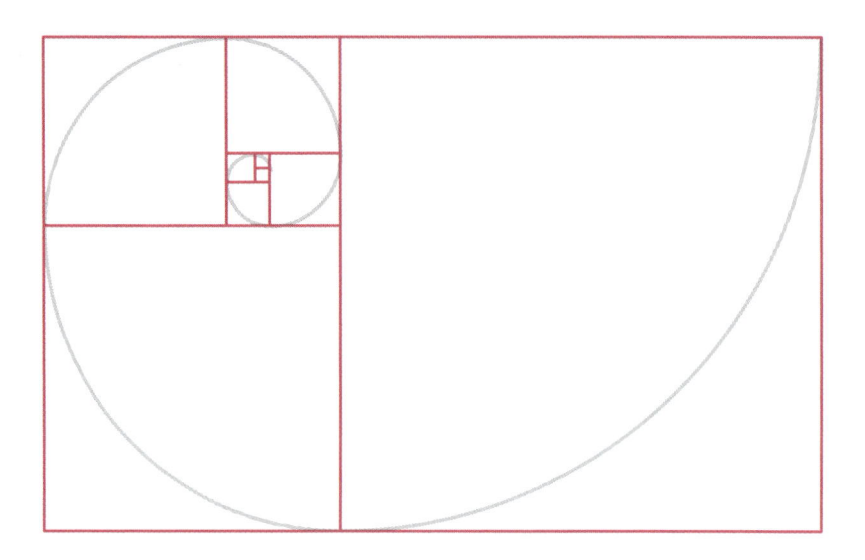

A razão divina está muito presente tanto na natureza quanto no corpo humano. Não somos como a natureza, somos parte dela. E, natureza que somos, a harmonia e a criação devem fluir com simetria. E para nos darmos as mãos entre seres únicos, precisamos respeitar essa diferenciação com ética, honestidade e empatia. O primeiro passo para ter empatia é reaprendermos a nos comunicar para aprofundar nossas relações comerciais e de trabalho.

Reflita sobre a propriedade "cabe dentro de si com perfeição e para sempre". Como ser protagonista na vida sem caber dentro de si mesmo, sem evoluir a partir da própria essência? Quanto tempo é possível sustentar uma caricatura social? O preço a ser pago vale a pena?

É isso! Preciso buscar a inovação de mim mesma, protagonizar minhas ações em harmonia para entregar o melhor que posso e, assim, contribuir para um projeto, evoluindo e aprendendo de forma contínua, de forma natural. O objetivo é buscar uma maneira de inovar um produto ou serviço que, ao ser disponibilizado no mercado, auxilie quem o consuma, sem violar a vida do consumidor nem de quem não o é.

As relações humanas podem evoluir ao longo do tempo, de modo harmonioso, como uma proporção divina? Sim, se precisamos de alto desempenho, engajamento, cooperação em um time de colaboradores focados em um objetivo em comum, aqui a comunicação com empatia se torna pré-requisito fundamental.

Todavia, como comunicar e perceber o outro, se mal consigo me entender, dialogar e negociar comigo mesma? Para entregar o melhor de mim mesma, necessito conhecer minhas habilidades e, alinhada a um propósito, caminhar em direção ao sonhado protagonismo.

Em 1975, o matemático Mandelbrot desenvolveu o termo "fractal", do latim *fractus*, que significa fracionado, e foi o pioneiro da geometria fractal. Mais uma vez, a matemática inspirou artistas com a beleza dos fractais, a partir de um estudo amplo de formas e fenômenos naturais, em que padrões de comportamentos se repetem em um sistema complexo e dinâmico. Surge o conceito da autossimilaridade: uma forma que repete em si mesma, de modo semelhante.

Conceitos de fractais podem ser ótimas metáforas para entendimento de uma visão sistêmica e complexa; sempre haverá um sistema maior e um sistema menor, mesmo que só estejamos conscientes do que está abaixo de nós na nossa escala de percepção de consciência. Como sistemas complexos, precisamos de adaptabilidade. Precisamos aceitar a realidade para ser protagonistas de inovação, o discernimento para nos relacionar com honestidade e poder transformar aquele desafio em algo melhor.

A perspectiva da economia circular direciona a inovação, integrando o ciclo do produto com o ciclo de vida, e a perspectiva da economia da empatia amplia a visão de inovar com empatia e propósito.

2. A TRANSMUTAÇÃO PELA COMUNICAÇÃO

2.1. Autoconhecimento e a busca por propósito

> "Eu não sou o que aconteceu comigo, eu sou o que eu optei por me tornar" *(Carl Jung)*

A busca pela nossa essência, a nossa interpretação sobre quem realmente somos, levam-nos a mais indagações. O que sou e como sou são para qual propósito? Qual o sentido de se estar aqui nesta existência, ou até mesmo por que é tão importante eu entender meus talentos e minhas aptidões?

Entender o propósito da vida parece aliviar dores e dar um sentido mais pleno àquilo que nos submetemos a fazer. Mas encontrar um propósito, diferente do que muitos associam, não significa necessariamente encontrar algo grandioso. É ver sentido naquilo que se faz, que pode ser nos pequenos ou nos grandes atos. Propósito tem a ver com encontrar prazer em se viver, dar seu melhor na existência e, de alguma forma, deixar uma marca de que você passou por aqui.

2.2. O círculo dourado

Simon Sinek, palestrante e escritor, autor do best-seller *Comece pelo porquê*[6] e criador da teoria do círculo dourado, mostra a força de um propósito e como isso pode ser a grande mudança de paradigma mental. O autor fala que, ao tomar decisões, uso como base o que acredito saber, e que falsas suposições não resultam apenas em decisões ruins. Às vezes, quando as coisas dão certo, acho que sei o porquê, mas será que realmente sei? Só porque o resultado foi o esperado não significa que poderei reproduzi-lo várias vezes.

---

[6] Simon Sinek, *Comece pelo porquê*: como grandes líderes inspiram pessoas e equipes a agir, Rio de Janeiro, Sextante, 2018.

A verdade é que tomo decisões com base em conjuntos incompletos, ou, pior, completamente falhos de suposições sobre o que está impulsionando minhas ações.

Simon Sinek menciona em seu livro:

> *Nosso sistema límbico é tão poderoso a ponto de acionar comportamentos que às vezes contradizem nossa compreensão racional e analítica da situação. É comum confiarmos no coração mesmo quando a decisão não se sustenta diante de fatos e números. Richard Restak, um conhecido neurocientista, fala sobre isso em seu livro The Naked Brain [O cérebro nu]. Quando as pessoas são obrigadas a tomar decisões usando só a parte racional do cérebro, quase invariavelmente acabam "pensando demais". Essas decisões racionais costumam levar mais tempo para ser tomadas, diz Restak, e com frequência podem ser de pior qualidade. Por outro lado, decisões tomadas com o sistema límbico, decisões do fundo do coração ou intuitivas tendem a ser decisões mais rápidas e de melhor qualidade.*

Ele diz também que, para que valores ou princípios orientadores sejam de fato eficazes, eles devem ser verbos. Não é "integridade", é "fazer sempre a coisa certa". Não é "inovação", é "olhar o problema de um ângulo diferente". A formulação dos meus valores como verbos dá uma ideia clara de como agir em qualquer situação. Posso considerar cada um responsável por meus valores, avaliá-los ou mesmo construir incentivos em torno deles. Ele diz que: "Dizer às pessoas que tenham integridade não assegura que tomarão decisões sempre com os interesses de consumidores ou clientes em mente; dizer a eles que façam a coisa certa, sim".

Por isso que, na visão do autor, a clareza do meu porquê é tão importante. Por que eu faço o que faço? Isso dá um sentido maior na vida, com conexão a um propósito que de fato valha a pena, para se fazer a coisa certa.

Ele traz o conceito do círculo dourado como forma de inspirar, sejam indivíduos, sejam organizações, começando pelo porquê, isto é, pelo seu propósito, sua causa ou sua crença, e, mais importante, por que alguém deveria se importar. Ele fala que, no automático, há o costume de pensar, agir ou se comunicar de fora para dentro, dizendo o que faço, depois como faço, para só depois se pensar no porquê. O que ele propõe é um movimento de dentro para fora no qual o motivo seja o que me move, o que me impulsiona, e que, portanto, direciona a forma como faço e o que faço.

O propósito me conduz a uma nova visão das circunstâncias e possibilidades. Amplia o olhar e minha visão. Aumenta minha capacidade de estender a consciência e a percepção perante as coisas. Quando falo de um processo de mudança de essência, parece que o propósito dá um sentido em tal ação. A transmutação faz parte do processo de inovação do ser, que começa de dentro para fora.

2.3. *Ikigai*, o sentido da vida

Ikigai é uma palavra japonesa que denota os prazeres e sentidos da vida. O termo consiste, literalmente, de *iki* (viver) e *gai* (razão). Na língua japonesa, pode ser usado em vários contextos e se aplicar tanto a pequenas coisas cotidianas quanto a grandes objetivos e conquistas. É uma palavra tão comum que as pessoas a usam no dia a dia de forma bem corriqueira, sem estar cientes do seu significado especial.

Encontrar seu *ikigai* é encontrar um sentido na vida, que pode estar atrelado a um sucesso ou a um café que se toma todos os dias pela manhã. De acordo com os autores Héctor García e Francesc Miralles, todos nós possuímos um *ikigai*, ou seja, a razão de ser. O *ikigai* está escondido em nós, e é necessária uma investigação paciente para se chegar até o mais profundo de nosso ser e encontrá-lo. Nietzsche afirmava o seguinte: "Quem tem um porquê para viver pode suportar quase todo como".

É possível encontrar *ikigai* em qualquer circunstância e em qualquer coisa. Aliás, o ideal é começar pequeno, no aqui e agora. Na aceitação de si mesmo e na busca do que realmente importa para você. Quando entendemos o *ikigai*, percebemos que um propósito não necessariamente precisa ser algo sofisticado ou grandioso. Na verdade, tem mais a ver com um valor pelo qual viver, e isso está muito ligado ao prazer pela vida, pelo que se faz, pela companhia das pessoas que nos são próximas e pelos momentos e experiências vividos. Buscar esse sentido pode trazer um tempero especial na vida. É importante entender as preferências comportamentais, as aptidões, aquilo que é mais natural em cada um, já que isso pode facilitar na busca pelo *ikigai*.

Não é só uma questão de interpretação, mas também de atenção aos detalhes. Quando passo a reparar nos pequenos detalhes da vida, percebo que nada se repete e que cada oportunidade é especial. Na cultura japonesa, Ken Mogi, autor do livro *Ikigai*[7], conta que existe o *ichigo ichie*, conceito que significa literalmente "uma vez, um encontro". *Ichigo ichie* é a valorização dos encontros na vida, das coisas e das pessoas: quando sou capaz de apreciar a presença de uma pessoa e ouvi-la genuinamente, ou curtir um lugar, percebendo suas nuances, sua decoração, explorando o momento. Cada ocasião em que desfruto da companhia de alguém em algum lugar é única e nunca se repete da mesma forma. Quando penso no *ichigo ichie*, considero que isso tem muito a ver com a forma como interpretamos os fatos, pois se vejo cada um destes como único, minha tendência é olhar para as coisas boas e valorizar e viver com plenitude cada instante.

Em seu livro *Ichigo ichie*, Miralles e García[8] se debruçam sobre essa filosofia japonesa e comentam, inclusive, que nas ilhas subtropicais de

---

7   Ken Mogi, *Ikigai*: os cinco passos para encontrar seu propósito de vida e ser mais feliz, São Paulo, Astral Cultural, 2018.

8   Francesc Miralles e Héctor García, *Ichigo ichie*: a arte japonesa de transformar cada instante em um momento precioso, Rio de Janeiro, Sextante, 2019.

Okinawa, os primeiros brotos, que eles chamam de *kaika*, florescem em janeiro, enquanto que nas grandes cidades dos Japão, a florada acontece entre o fim de março e meados de abril. No Japão, há 96 árvores de referência que marcam o início do *kaika*. Para eles, metaforicamente, a magia do *kaika* é quando começa a florescer algo dentro de nós que desconhecíamos.

O *kaika* está presente no início dos romances, no início de um trabalho, no início de algo que desabrocha em você. E são nos momentos de *kaika* que o *ichigo ichie* está presente. Quando o *kaika* é transformador, de acordo com os dois autores, desejamos convertê-lo em *mankai*, isto é, esperamos que amadureça, e que aquilo que nasceu em nós se abra em toda a sua plenitude: a pessoa apaixonada que diariamente investe na relação, um livro a que nos dedicamos escrever até o final, um empreendedor que busca maneiras para que seus negócios alavanquem a cada dia, e assim por diante.

Ichigo ichie tem o sentido de que as coisas que vivemos agora não se repetem nunca mais. Há uma frase de David Thoreau que diz: "Não podemos matar o tempo sem ferir a eternidade". Na época da dispersão absoluta, da cultura do instantâneo, da falta de escuta e da superficialidade, há como resgatar em cada um de nós a atenção e harmonia por meio do *ichigo ichie*.

É possível traduzir *ichigo ichie* como "uma vez, um encontro" ou "neste momento, uma oportunidade". Um sentido de que cada encontro é especial e deve ser desfrutado para que não se perca para sempre. Para se atingir um bom *ichigo ichie*, é importante buscar boas companhias, lugares inspiradores, atenção plena e a atemporalidade que ocorre quando nos entregamos a uma experiência por completo. Entender que cada momento é um presente divino que contribui para nossa felicidade.

Existem oito lições para uma vida *ichigo ichie* de acordo com Francesc Miralles e Héctor García:

1. Limite-se a sentar-se e observar o que acontece – às vezes, procuramos longe o que está ao nosso redor. Sentar e abraçar o momento com o que temos, com as pessoas presentes.

2. Saboreie o momento como se fosse o último suspiro – ninguém sabe o que acontecerá nos próximos momentos. Apreciar e aproveitar o máximo o presente é muito importante.

3. Evite as distrações – tentar fazer várias coisas ao mesmo tempo pode nos deixar sem presença em nenhuma delas.

4. Liberte-se do que é supérfluo – o desapego de ter somente o que é necessário. O bom viajante não leva malas cheias e grandes.

5. Torne-se amigo de si mesmo – valorizar-se é muito importante.

6. Celebre a imperfeição – fracassos são ensinamentos e oportunidades de crescimento.

7. Pratique a compaixão – exercitar a empatia e tentar entender pontos de vista diferentes dos nossos.

8. Desfaça-se de expectativas – expectativas causam ansiedade e frustração e nos impede de viver o presente.

2.4. Transformar ou transmutar?

Transmutar vem do latim *trans*, "através", e *mutare*, "mudar, alterar". Uma mudança que transpassa, que vai à essência. Já a palavra "transformar" vem de *trans*, "através", e *formare*, "dar forma", no sentido de "aspecto, molde, aparência", ou seja, fazer mudar de forma, de aspecto.

Você pode mudar a forma e não necessariamente mudar como essência, pois não houve mudança de consciência, de maturidade perante o fato. Um bom exemplo disso é quando eu passo a ter hábitos mais saudáveis, mudo a forma de me alimentar, mas quando estou em uma festa me permito fugir um pouco daquela "rotina". Mudei a forma de fazer as coisas, mas não como essência.

Eu sou ex-fumante, quando descobri que estava grávida da minha filha (a mais velha), parei com o cigarro. Naquele momento, transformei a maneira de agir. Levei um tempo para me livrar do vício, sofri com crise de abstinência e, por muitas e muitas vezes, tive vontade de voltar a fumar. Mas, na medida em que via minha filha crescer e depois de ter outro filho, fui tomando consciência da importância de manter a minha saúde, do quanto aqueles seres dependiam de mim. Conforme minha consciência aumentava, eu percebia que o meu corpo era o que havia de mais sagrado e quão sem sentido era o ato de fumar. O processo foi acontecendo aos poucos e, quando me dei conta, já não gostava nem de ficar perto de pessoas que estavam fumando, o cheiro já me fazia mal.

Hoje não tenho vontade de fumar, é até estranho falar que sou ex-fumante, pois não combina mais comigo. A mudança foi em outro nível, na essência. As mudanças mais profundas exigem consciência e percepção. O nascimento dos meus filhos me trouxe isso. Teve uma força externa, mas muitas vezes pode ser uma busca pessoal.

Eu vivi uma história que me fez mudar em um nível bem profundo. Meu pai e minha mãe faleceram de câncer, os dois tiveram o diagnóstico da doença na mesma semana, o que tornou o processo bem mais difícil para mim e para minhas irmãs. Meu pai teve um linfoma na axila, que se tornou mais complicado porque ele também tinha esclerose múltipla havia muitos anos. Ele, que já estava extremamente fragilizado, em apenas quatro meses após o diagnóstico de câncer caiu, teve uma fratura no fêmur e não resistiu à operação. Minha mãe tinha um câncer menos invasivo, mas descobriu a doença já em estado de metástase bem avançada. Ela também tinha suas fragilidades de saúde, por já ter enfrentado doenças graves como a tuberculose.

Aqui começa a minha história, pois minha mãe teve uma sobrevida de quatro anos e, entre altos e baixos da doença, vivi uma experiência que me fez mudar minha visão de mundo. Fiquei muitas vezes em hospitais com ela e aprendi algumas coisas que ali ocorrem. Quando uma pessoa permanece por muitos dias deitada na cama, é comum ocorrer edema pulmonar. Os pulmões ficam cheios de líquido, impedindo a entrada de oxigênio e a saída do dióxido de carbono.

O tratamento para edema pulmonar deve ser feito o mais rápido possível no hospital para manter os níveis de oxigênio adequados e evitar complicações graves, como parada respiratória ou falha dos órgãos vitais. Uma vez que os pulmões estão preenchidos de líquido e não conseguem absorver a quantidade suficiente de oxigênio, o tratamento deve ser iniciado com o fornecimento de grandes quantidades de oxigênio através de uma máscara facial. Depois disso, são administrados remédios diuréticos, como a furosemida, que elimina o excesso de líquidos pela urina, permitindo que os pulmões voltem a se encher de ar. Isso passou a ser recorrente nas internações da minha mãe, e apesar de ser uma cena difícil de presenciar, eu sabia ser algo de rápida solução.

Em uma noite em que a acompanhava no hospital, isso ocorreu e rapidamente chamei por ajuda. Naquela noite, o médico de plantão não nos conhecia e, quando se deu conta do diagnóstico geral da minha mãe, imediatamente me falou com um ponto de vista bem negativo sobre a situação: "Sinto muito, mas, na gravidade da doença da sua mãe, não há muito o que se fazer". Ele me dizia ali, em outras palavras, que ela morreria naquela noite.

Quero abrir parênteses nessa história e contar um pouco de como tinha como hábito agir em circunstâncias como essas. Era muito comum que me apavorasse, ficasse nervosa ou num estado de ansiedade tão grande a ponto de ficar paralisada e não conseguir ter uma ação mais eficaz. Mas naquela ocasião foi diferente, eu sabia ser possível contornar aquela situação específica, entendia a gravidade da doença como um todo e também que, naquele momento, independentemente da gravidade do quadro, algo poderia ser feito.

2. A TRANSMUTAÇÃO PELA COMUNICAÇÃO

Lembro-me de que olhei de forma bem direta e firme para aquele médico e disse com educação e assertividade: "Entendo o que está falando, mas compreendo também que, agora, o que está ocorrendo pode ser solucionado, já que o quadro é de água nos pulmões. O senhor pode trazer o oxigênio de volta para seus pulmões, aplicar um diurético, e depois pensamos como fazer com relação à doença dela?". Ele me ouviu, cuidou dela e, no dia seguinte, ela estava tão bem que teve alta. Viveu mais três anos depois desse ocorrido. É claro que a família se revoltou com o médico, os julgamentos com relação ao seu comportamento foram enormes e ele virou facilmente o vilão do momento.

A questão é que não julgo o médico, já que em seu ponto de vista, sob seu olhar técnico, ele tinha suas razões. É verdade também, que ali se tratava da minha mãe e independente de eu saber de sua realidade, da sua vulnerabilidade de saúde, eu também queria tê-la ao meu lado o mais tempo que me fosse possível. A comunicação talvez não tenha sido empática e me levou a um questionamento. Se eu, de certa forma, nos meus contextos também não agia assim, de forma inconsciente. A cada discussão compulsiva de como lidar com a doença da minha mãe, eram desperdiçadas oportunidades de viver com ela plenamente. E será que, empaticamente falando, não era isso que ela mais precisava?

Isso não quer dizer que devia negligenciar as possibilidades ou deixar de ir atrás de maneiras de cura. Mas falava sobre isso com minhas irmãs e, na presença da minha mãe, vivia de fato os momentos com ela. Se posso impor as circunstâncias, posso ter momentos de qualidade, ainda que com a doença. Foi assim que comecei a mudar a minha visão de mundo. Mesmo em um hospital, era possível compartilhar coisas da vida com ela. Eram momentos para compartilhar nosso amor, nosso carinho, nossos propósitos de vida. Se ela estava bem, eram ótimas oportunidades de passear com ela ou curtir ainda mais sua companhia. A existência humana está programada para ser de curta duração; a diferença de quando vivencio uma doença é que esta leva a um estado de consciência, que esqueço com as pessoas com quem convivo diariamente.

Não precisamos passar por coisas tão difíceis para ter esses estados de consciência, mas podemos encarar que a vida tem altos e baixos, e que, talvez, os momentos difíceis podem ser ótimas oportunidades de desenvolvimento pessoal. Em uma percepção mais profunda, erros ou fracassos são apenas tentativas de aprendizado, e não deveria haver sentimento de culpa, e sim responsabilidade pelo resultado. Se o amanhã é incerto e complexo, que sejamos protagonistas de mudanças direcionadas. A inovação pode ser como um processo de aprendizado e evolução, que inicia no âmbito pessoal e continua na nossa responsabilidade de criar um futuro coletivo melhor.

2.5. Uma reflexão: o Batman e o Coringa

Aprendi uma metáfora com o renomado professor Alisson Vale, que achei incrível e quero compartilhar aqui com vocês, que é a essência da história de Batman e Coringa, na sua versão original das histórias em quadrinhos.

A primeira vez que aprendi a ter um olhar mais filosófico e metafórico além dos quadrinhos foi por meio de um ótimo curso online que meu marido participou, a primeira edição do The Wise Manager, ministrado pelo especialista em gestão ágil e fundador do software zen, Alisson Vale. Ele ficou encantado com a explicação e me apresentou.

No The Wise Manager, Vale busca extrair um entendimento mais profundo, como ele diz, "extrair a sabedoria", a partir da frase de Friedrich Nietzsche: "O que não me mata me fortalece". Para isso, reflete sobre vários trechos de obras de Nietzsche e conclui que o que realmente nos desenvolve parte de uma escolha, do discernimento de aprender com o desafio ou o sofrimento, em vez de culpar alguém e ressentir a dor, em um ciclo vicioso de decadência, como mostra a imagem a seguir.

O próprio Coringa adapta essa frase no filme *Batman, o cavaleiro das trevas*, "aquilo que não o mata o deixa estranho". Uma dor ou um problema que não nos remete a um patamar superior de autodesenvolvimento nos

2. A TRANSMUTAÇÃO PELA COMUNICAÇÃO

tornará mais desconectados ao sistema, mais estranhos ao olhar do outro, mais marginalizados. Por outro lado, se temos o discernimento de buscar uma mudança pessoal em essência a partir do sofrimento, isso nos desenvolverá. Assim Bruce Wayne se torna Batman, no enfrentamento dos medos e sofrimentos devido à perda precoce dos pais. Em um caminho inverso, a partir da vitimização e revolta diante dos acontecimentos envolvendo um funcionário de uma fábrica de químicos, nasce o Coringa.

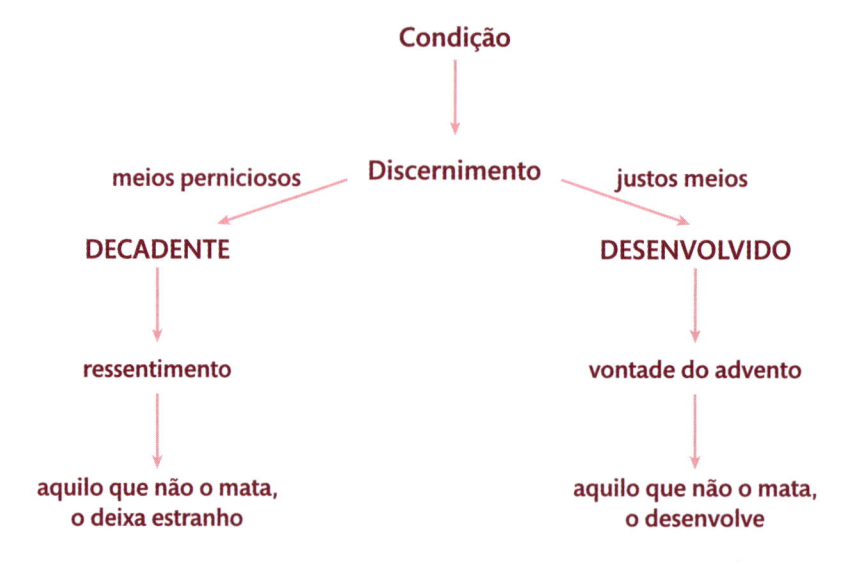

Condição

↓

meios perniciosos ← **Discernimento** → justos meios

DECADENTE **DESENVOLVIDO**

↓ ↓

ressentimento vontade do advento

↓ ↓

aquilo que não o mata, aquilo que não o mata,
o deixa estranho o desenvolve

Curso The Wise Manager – Destrinchando a sabedoria nietzschiana

Pesquisando sobre o tema, deparei-me com uma ótima monografia escrita por Paulo Vinícius Souza Machado, intitulada *Batman vs Coringa: provocações nietzscheanas acerca da moral*[9]. A escolha do símbolo do morcego me chamou bastante atenção. No filme *Batman Begins*, Bruce Wayne justifica: "Morcegos me assustam. É hora de meus inimigos compartilharem do meu pavor". O medo existe, mas não vai me enfraquecer,

---

9 Paulo Vinícius Souza Machado, *Batman vs. Coringa*: provocações nietzscheanas acerca da moral, Mogi das Cruzes, 2010, Trabalho de Conclusão de Curso [Licenciatura em Filosofia], Faculdade Paulo VI.

será usado para enfraquecer a quem se opor a mim. Ou seja, escolho usar minha dor para me mover em direção ao que anseio.

Batman é um personagem complexo com muitas dores, muitos conflitos internos; sua busca por sentido na vida é latente. Quando criança, teve de encarar a dor da morte de seus pais. É interessante que Batman sempre aparece com um ar sombrio e obscuro, seu silêncio é algo que o deixa mais misterioso e com ar de superioridade, sempre se escondendo atrás da máscara do morcego com um olhar muito sério.

O personagem nasceu dos jovens desenhistas americanos Bob Kane e Bill Finger em 1932, da editora de quadrinhos Detective Comics, hoje DC Comics. The Bat-Man (nome inicial do personagem) aparece na publicação 27 da editora. *Batman*, homem-morcego em inglês, não tem nenhum superpoder, usa de sua inteligência, artefatos militares, tecnologia de ponta e treinamento físico e intelectual para combater o crime em Gotham City. As motivações que o levam a combater o crime e ter uma vida dupla são o ponto dessa metáfora. Bruce Wayne, o Batman, teve pais extremamente éticos: Thomas e Martha Wayne.

Seu pai era um dos maiores médicos e filantropos de Gotham City, também dono das Empresas Wayne, uma companhia que fabrica produtos de alta tecnologia. Médico dedicado, disponível para as pessoas menos favorecidas e sempre fazendo muitas doações. O ambiente da casa era de harmonia e alegria, e isso influenciou a personalidade de Batman.

Em uma festa à fantasia na qual seus pais o levaram, aparece um mafioso chamado Lew Moxon, com um sobrinho padecendo por conta de um tiro que levou em um assalto. O pai de Batman, o único médico disponível no local, salva o menino. Porém, seguindo sua ética, decide dar parte dos ferimentos de bala à polícia, o que lhe rende ameaças de morte. O bandido é preso e, por vingança, a máfia mata os pais de Batman.

Batman acreditava que seu pai estava envolvido com a máfia e, quando fica sabendo da verdadeira história, percebe que chegou a duvidar do caráter do pai. Para honrá-lo, decide fazer justiça e eliminar o crime em Gotham City. Batman nunca tirou a vida de ninguém, sua missão passa a ser eliminar o crime, capturar os bandidos em promessa que faz aos pais mortos. Não usa armas de fogo: como seus pais morreram com o uso delas, passa a nutrir total aversão ao seu uso.

Batman, que possui uma mansão gigantesca herdada dos pais, começa a treinar rigorosamente artes marciais, somado a um treinamento científico e meditações para buscar concentração. Há uma caverna no subsolo da mansão que veio a calhar para seu empreendimento, tornando-se seu refúgio e fortaleza, sua academia de trabalho corporal e centro de inteligência, pesquisa e análise em vários níveis. Ele ainda conta com a ajuda do seu fiel mordomo, Alfred Pennyworth, que possui experiência em medicinas de guerra.

O Morcego é escolhido pois quando criança sofreu um trauma quando caiu em uma toca e ficou muito tempo em volta de morcegos. O símbolo o instiga a enfrentar seus medos. Batman é o símbolo da pessoa que encara suas dores e medos como forma de evoluir, e com isso tornar-se melhor. Ele é exatamente o herói que existe em cada um de nós, que encara as vicissitudes da vida como pontos de alavancagem para encontrar a melhor versão de si.

Por outro lado, temos o Coringa, um personagem sádico que acredita que o Batman é o culpado de todas as suas frustrações e fracassos. Inspirado no personagem do ator Conrad Veidt no filme "O homem que ri", foi inventado pelos mesmos criadores de Batman, Bob Kane e Bill Finger, em parceria com Jerry Robinson. Na versão original, Coringa é um comediante frustrado, que não consegue emprego e sofre por ser fraco e não ter como sustentar a esposa grávida. No desespero, une-se a bandidos para assaltar a fábrica de baralhos vestido como Capuz Vermelho.

Na manhã do assalto, ele recebe a notícia de que sua esposa, ao testar um aquecedor de mamadeiras, provocou um curto-circuito e acabou morrendo. Mesmo abatido com o acontecimento, ele vai para a fábrica de baralhos. Lá encontra a polícia e o Batman, e numa perseguição, cai num tanque químico. Depois de ser levado pela correnteza até as margens de um rio, observa seu reflexo na água. Vendo o rosto modificado, senta-se reflexivo e cabisbaixo. Minutos depois, levanta-se e começa a rir compulsivamente.

Por conta da fábrica de baralhos e também por ver a face de um palhaço numa das cartas, passa a se autodenominar Coringa. Em uma das versões no cinema, o Coringa é Jack Napier, um bandido braço direito do chefão do crime de Gotham City; mas depois da queda no tanque químico, ele passa a agir sozinho, independente da máfia. Coringa faz uma aparição pública na qual anuncia uma situação que desestabiliza todo um estado de segurança, paz e ordem. Apresenta uma ameaça direta, utilizando-se do medo para instaurar um ambiente de terror, deixando suas vítimas vulneráveis e, assim, poder atacar.

Ele é justamente a metáfora das pessoas que passam por dificuldades e se revoltam perante a vida, que se põem contra outras por inveja ou por simples ódio de as coisas não terem dado certo para elas. Ele é o vilão que se instala dentro de nós, por não aceitarmos que algo deu errado e que é preciso buscar outras alternativas.

O vilão ou a vilã, o herói ou a heroína, são facetas que estão dentro de nós. Por vezes, ajo como Batman e uso minhas dificuldades como forma de aprendizado e evolução, para entregar ao mundo meu melhor; em outros, comporto-me como Coringa: com revolta e inveja de quem se deu bem, maldizendo as dificuldades pelas quais passei. Ou seja, é sempre uma escolha de como encaro as dificuldades que enfrento: como aprendizagem e forma de evolução ou reclamando e me revoltando com a vida.

As suas atitudes podem fazer toda diferença!

2.6. O estado de fluxo

Mihaly Csikszentmihalyi[10], escritor e autor da teoria do *flow* ou estado de fluxo, no qual as pessoas entram quando estão dedicadas a algo em que seu nível de habilidade e de desafio está em equilíbrio e lhes causa extremo prazer. Ele o definiu assim: "O prazer, o deleite, a criatividade e o processo em que estamos totalmente imersos na vida". Ele também diz que "fluir é o estado em que as pessoas entram quando estão imersas em uma atividade e nada mais importa. A experiência em si é tão agradável que as pessoas continuarão fazendo-a, ainda que precisem sacrificar outros aspectos da vida apenas para isso". Quando sentem que vale a pena estar vivas.

Eu bem entendo o que é entrar em estado de *flow*. Já aconteceu comigo, mais de uma vez, de eu ministrar um treinamento de mais de um dia de duração e perceber, no primeiro dia, que o que planejara para aquela turma não seria 100% aderente, já que havia imaginado um cenário de todo diferente do que encontrei em sala de aula. Isso me leva a trabalhar de madrugada naquele conteúdo e, no dia seguinte, a acordar às 5 horas da manhã, dormir apenas três horas e dar aula com uma alegria imensa, porque aquilo é extremamente prazeroso para mim.

Segundo as pesquisas de Csikszentmihalyi, os seguintes fatores universais de um estado de fluxo são:

- Equilíbrio de desafio-habilidade: medir o quanto de desafio x o quanto de experiência e habilidade você tem lhe dará um estado de fluxo natural, tirado tanto das zonas de conforto e apatia quanto das de ansiedade e euforia.

- Fusão de consciência de ação: aquilo que estou fazendo está em um nível de consciência tão alto que a minha entrega é a minha essência.

---

10 Mihaly Csikszentmihalyi, *Flow*: the Psychology of Optimal Experience, Nova York, Harper Perennial, 2002.

- Metas claras: não ter dúvidas sobre onde está e aonde quer chegar.
- *Feedback* não ambíguo: as respostas recebidas precisam ser efetivas, diretas e claras para que não gerem nenhuma dúvida na pessoa.
- Concentração na tarefa em mãos: capacidade de concentração no aqui e agora, na entrega do que se propõe a fazer, e não no que poderia estar fazendo. Aqui, nós nos tornamos a própria ação.
- Um senso de controle: ter a sensação de que domina a situação e encara bem os desafios.
- Perda de autoconsciência: aqui podemos entender como quase ausência de ego, uma total imersão no que se faz.
- Transformação do tempo: o tempo passa de forma diferente; ter a sensação de que o tempo nem sequer existe ou passa mais devagar, porque sua entrega é plena.
- Experiência autotélica: a felicidade e o senso de recompensa natural.

Para atingir um estado de fluxo, ou *flow*, além de uma busca individual por propósito, posso estar inserida em uma cultura com novos paradigmas, em que as pessoas são mais valorizadas e suas entregas, vistas com mais valor. Afinal, estar em *flow* é quando você faz coisas que dão significado e valor à vida. Aquele ponto de começar a criar uma experiência tão intensa que as pessoas se sentem quase como se não existissem.

Para Csikszentmihalyi, é um estado no qual estamos envolvidos. Nesse processo completamente arrebatador de criar algo novo, não há sobra de atenção suficiente para monitorar como seu corpo se sente, ou seus problemas em casa. Muitas vezes, não se sente nem mesmo fome ou cansaço. Como se a existência ficasse suspensa temporariamente. Uma fluidez espontânea, a experiência da fluidez.

Para entrar em estado de fluidez, é preciso sair da zona de conforto, ser desafiado o suficiente para querer se testar, mas não a ponto de lhe causar ansiedade. Além disso, ter objetivos claros e concretos sem se distrair com o processo para alcançá-los. O estado de presença é fundamental, por isso que o *ichigo ichie* é tão importante nesse processo.

De acordo com Ken Mogi, ao atingir seu estado de fluidez, a necessidade de reconhecimento do seu trabalho e dos seus esforços diminui. Entretanto, para atingir este estado, você precisa libertar seu ego no sentido de não ser o mestre, o trabalho em si é o mestre, a ponto de você se identificar com o trabalho de forma alegre e simbiótica.

Csikszentmihalyi testemunha que uma fonte de inspiração para seu trabalho em fluxo veio quando ele observou um amigo pintor trabalhando em sua arte por horas a fio, sem qualquer perspectiva de vender o trabalho, nem de receber recompensa financeira por ele. Eu, como artista plástica, entendo bem esse processo. Na Flyflow, desenvolvemos projetos de gamificação, com uma metodologia própria denominada reflow. O principal objetivo é renovar um produto, serviço ou processo por meio da gamificação, com o objetivo de alavancar resultados de sucesso a partir do resgate do estado de fluxo de um sistema organizacional.

2.7. O ciclo de transmutação circular

O propósito da transmutação circular é viabilizar mudanças em essência em organizações complexas, buscar contínua ampliação do entendimento e clareza em relação às dinâmicas complexas das relações humanas e dos processos, avaliando as causas-raiz de conflitos nas relações, falta de engajamento e sinergia em relação ao desempenho de times, gargalos e fragilidade de elos sistêmicos, ou ainda pouca coesão entre o trabalho diário e a direção tomada dos objetivos estratégicos da organização.

O objetivo é promover o aumento da capacidade de adaptação, de flexibilidade de evolução das estruturas comportamentais e funcionais, a partir do desenvolvimento da comunicação não violenta e da empatia, dando suporte à transição do modelo tradicional e linear predominante nas corporações para um novo paradigma aderente a uma economia empática e circular. Assim, o valor agregado percebido poderá impactar o ser humano a ponto de o estimular a rever a forma como vive, seus hábitos e o próprio papel desempenhado no coletivo.

Entre ordem e caos, tudo é circular ou cíclico, de átomos a planetas, ciclos mentais, emocionais, metabólicos. Que este livro plante uma semente no coração de cada leitor para que floresça uma mudança profunda de dentro para fora, uma transmutação pessoal de modo a impactar projetos e relacionamentos, carreiras e organizações. E, assim, contribuir para uma transmutação circular, oferecendo mais empatia e equidade para todos nós.

O modelo abaixo, que será explicado e detalhado ao longo do livro, é composto por quatro processos: inovação do ser, comunicação sistêmica, empatia circular e inovação não violenta.

CICLO DE TRANSMUTAÇÃO CIRCULAR

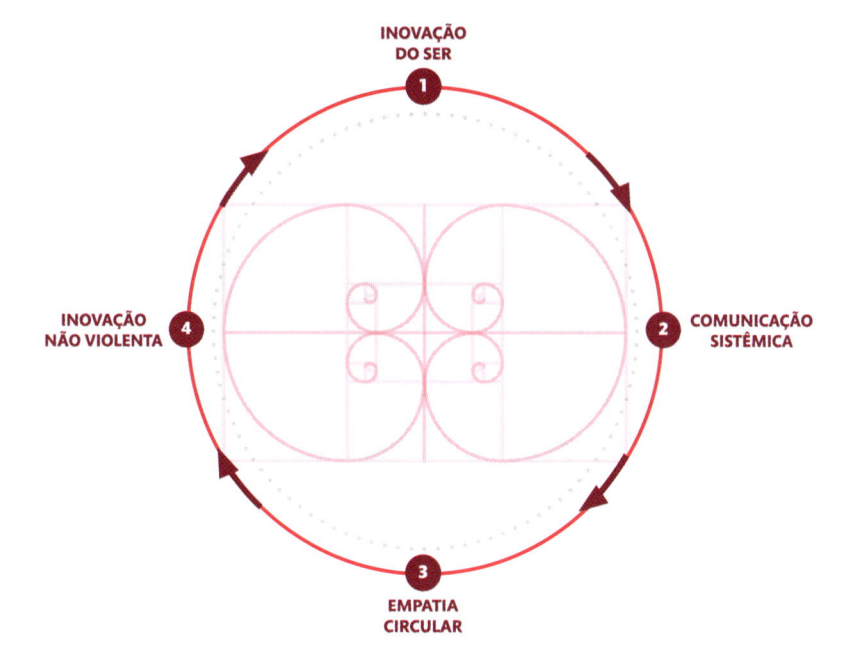

1. INOVAÇÃO DO SER
2. COMUNICAÇÃO SISTÊMICA
3. EMPATIA CIRCULAR
4. INOVAÇÃO NÃO VIOLENTA

3

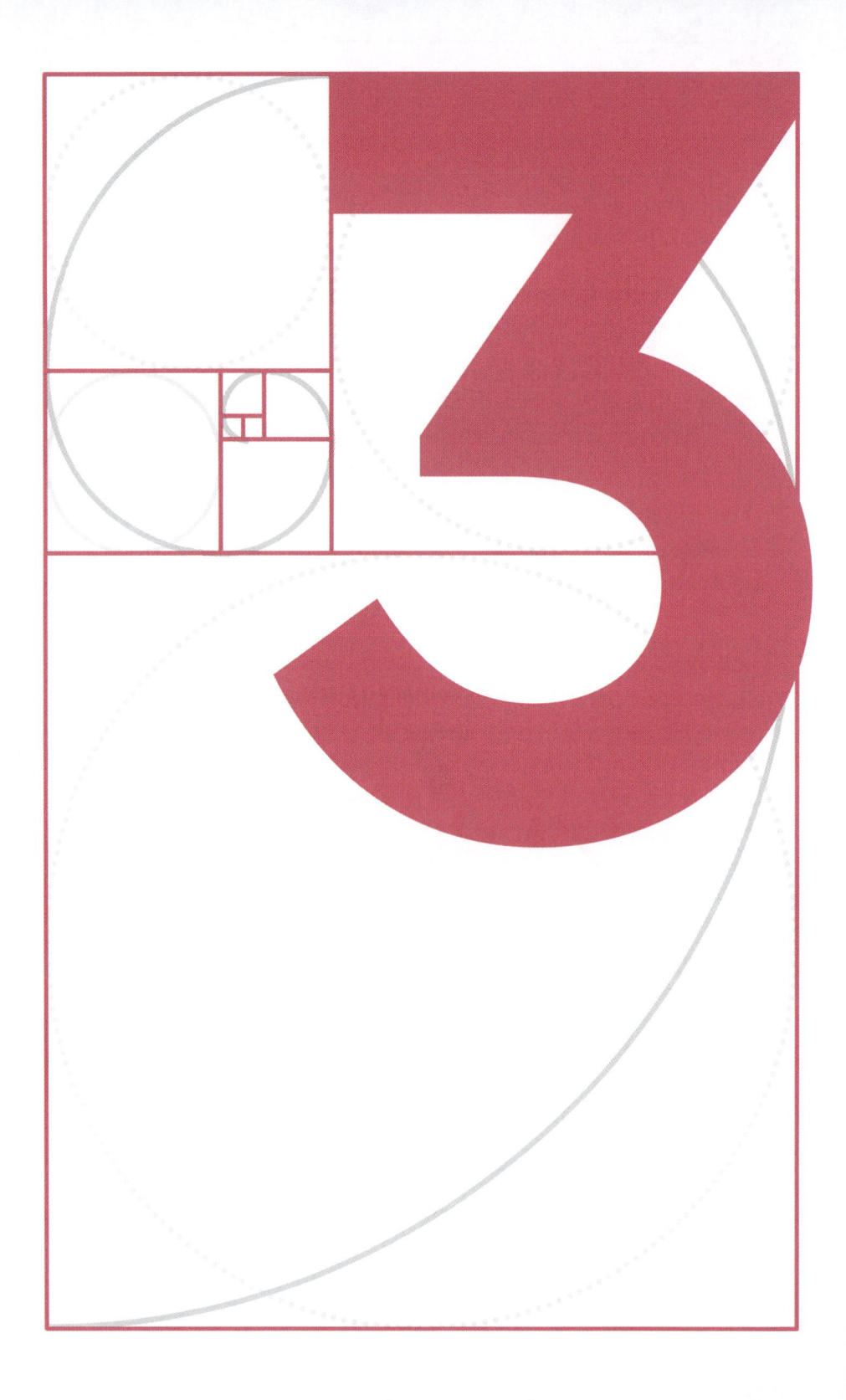

3. O SER E A INTRACOMUNICAÇÃO

A intracomunicação é um processo de tomada de consciência e percepção. Como me comunico comigo? A comunicação é fruto do que interpreto dela, portanto, a forma que eu interpreto minhas atitudes; entender o que me leva a ter determinados comportamentos evita a culpa e a vergonha que são, para Rosenberg, as piores formas de violência que cometemos em nós mesmos. O processo do autoconhecimento, na verdade, é esse processo de autopercepção. Tenho mais recursos do que posso imaginar, e minha capacidade é maior do que acredito que seja. O autoconhecimento é questão de descobrir, definir e apreciar o que há de mais profundo em mim. Muitas vezes, as crenças limitam, assim como os moldes impostos pela sociedade, ou seja, os paradigmas.

Como diria Dulce Magalhães, ph.D., escritora, palestrante, filósofa e grande pesquisadora do tema autoconhecimento e mudanças, não há conhecimento real sem gerar autoconhecimento. A constante é em direção à essência. Isso inclui os meus sonhos e vontades. Mas é fato que, dependendo da forma como interpreto minha essência, isso também pode mudar a minha realidade.

O professor Horácio Frazão, pesquisador e palestrante, estudioso do comportamento humano, nos mostra que o fundamento da sua realidade e a qualidade da sua existência dependem da interpretação que fazemos de nós mesmos, pois se a estrutura de conhecimento que temos de nós mesmos for limitada, nossa atuação frente ao mundo também é limitada. É aquela velha história: você pode ver o copo meio cheio ou meio vazio. Às vezes, penso que a vida é um grande jogo, que nos leva a passar por níveis de evolução. Quando você acha que conseguiu superar um nível, vem outro mais difícil para enfrentar. Por isso, encarar que esses desafios podem levá-lo a um patamar melhor, com mais habilidades e consciência, já é estimulante por si só.

Não é preciso sofrer para expandir a consciência; isso pode acontecer de forma mais natural: a partir da interpretação dos fatos e das coisas, que faz com que você sinta que determinada experiência seja boa ou não. Posso me vitimizar e dizer que a vida foi dura comigo, com os problemas que enfrentei, ou perceber o quanto evoluí e as oportunidades que vislumbrei justamente por passar pelas dificuldades do caminho. Procuro levar isso para meus desafios na vida, claro que nem sempre meus filtros estão positivos, mas, quando estão, fica bem mais fácil resolver os problemas.

Uma vez, eu ministrava uma palestra e meu sapato estava largo no pé. Em um movimento que dei, ele saiu e voou até a plateia. Uma moça pegou meu sapato no ar. Confesso que, por milésimos de segundos, fiquei surpresa com o incidente, mas logo fiz uma piada com o episódio, tirei o outro sapato e dei continuidade à apresentação. Naquele momento, ficar nervosa ou me desesperar só iria piorar a situação. Agora, já que ocorreu, o que posso fazer com isso? Tornar divertida a minha experiência.

A forma como encaro as situações muda meu modos de reagir e, com isso, o cenário. As interpretações que faço dos incidentes são mais relevantes do que os incidentes em si. Comunicar consigo é buscar o seu melhor, entender seu maior potencial e que cada momento é único. Posso expandir minha capacidade de leitura sobre estar plena e ver o que tenho de melhor como essência. A percepção de que as coisas não se repetem e, portanto, se tornam especiais é, para mim, uma grande sabedoria! Por outro lado, o estado emocional abalado tira a concentração necessária para apreciar os detalhes das coisas e das circunstâncias, e isso possivelmente interfere na autopercepção.

3.1. A autoconexão

A empatia pode ser entendida como um processo de descoberta e respeito em relação ao outro, no qual buscamos compreensão a respeito do que ele sente e realmente precisa. A autoconexão envolve a habilidade de conversa interna, de empatia consigo e de decifrar as próprias emoções e sentimentos em uma jornada de autoconhecimento. Um processo de aceitação e compreensão que se revela a cada dia entre limites e virtudes, um desafio constante entre o que somos e o que escolhemos nos tornar.

É preciso reconhecer a própria vulnerabilidade, por isso a prática da autoempatia e a busca por minhas necessidades e sentimentos são tão importantes. Um primeiro passo é ter sempre pessoas ao meu redor que me ajudem a resgatar minha força nos momentos de fraqueza.

O amigo empático, às vezes, pode ser eu mesma, ou não. É preciso que essa pessoa me aceite como sou, que possa me ouvir nos momentos mais vulneráveis e que tenha de desabafar. Às vezes, a melhor ajuda é apenas estar disponível, presente, e ouvir com interesse legítimo. Por que não fazer isso consigo mesmo?

Na autoempatia, quando pratico os quatro componentes da CNV, na observação, percebo que arrependimentos, culpas, vergonha, raiva de mim mesma, entre outros, são violências que cometo comigo de forma desnecessária. Não posso voltar no tempo; quando agi de determinado modo, isso se deu dentro da consciência e da percepção que tinha no momento, e se minutos depois passei a ter uma percepção e consciência melhores, que me dariam tomadas de decisão igualmente melhores, posso usá-las como aprendizados para próximos eventos, mas tenho de entender que não estavam disponíveis no calor da minha decisão.

Sempre entrego meu melhor dentro dos recursos de que disponho, nas circunstâncias em que estou. Posso evoluir e melhorar a cada minuto, e certamente a autopunição não é a melhor maneira para isso. Passo a avaliar quais sentimentos que tive que desencadearam meus comportamentos, quais necessidades não foram atendidas, e que, antes de negociar com alguém, fazer um pedido, preciso entender o que atenderia às minhas necessidades.

Rosenberg afirmava que todos nós somos negociadores de sentimentos e necessidades. O processo da autoconexão é uma conexão com o que sou e o que entrego para o mundo. Isso facilita na aceitação e também no processo de desenvolvimento pessoal. Só posso entregar ao outro o que sou capaz de entregar a mim mesma. Para isso, é importante que eu entenda os meus porquês.

A última dica que dou a respeito desse processo e de autocomunicação é atentar-se aos limites pessoais. Posso acreditar que sou muito forte e que tudo posso na vida. Mas há momentos em que meu corpo começa a dar sinais de que preciso de ajuda, ou de pelo menos um tempo. Às vezes, permitir-se um luxo em meio à guerra é necessário; ainda que esteja em um momento de muita turbulência na vida, fazer uma pausa para um café com amigos, assistir a uma série bacana ou sair para passear, ou simplesmente se permitir o ócio, pode ser uma indulgência bem-vinda.

3.2. A janela de Johari

Aprendi sobre a janela de Johari, criada pelos psicólogos americanos Joseph Luft e Harrington Ingham, em 1955, quando me especializei na comunicação não violenta. Percebi que ela ajuda muito a entender o processo de autoconhecimento e o quanto isso é importante para o autodesenvolvimento.

Área desconhecida por mim mesmo

Eu aberto	**Eu cego**
Eu fechado	**Eu desconhecido**

Área conhecida por mim mesmo

Janela de Johari, criada por Joseph Luft e Harrington Ingham

A janela do autoconhecimento (1º quadrante): quanto maior for, melhor, porque mostra minha autenticidade e integridade. Sou quem sou e me aceito assim, isso faz com que use meu talento a favor (e tenha consciência) das minhas fraquezas. Aqui entendo que tenho luz e, também, sombra, portanto, domino mais meus instintos. Compreendo onde posso perder meu equilíbrio natural e desencadear comportamentos erráticos (exagerados) que prejudicam o meio em que estou inserida. A vantagem é que me conheço, tendo a me centrar mais nas minhas qualidades, e não há surpresas, pois há transparência para as pessoas ao meu redor.

Na janela cega: aparece uma possível falha na autopercepção se minha janela estiver muito grande. A forma como as pessoas me percebem com a minha autopercepção está muito incongruente. Abrir-se mais para *feedbacks* pode ampliar a visão e esclarecer se não estou percebendo coisas em mim, ou se estou demonstrando coisas divergentes do que sou aos outros.

Na janela do eu fechado: se estiver muito grande, posso não estar sendo transparente com as pessoas a respeito do que acredito ser. Por crenças limitantes ou por um ambiente hostil, crio uma persona para ser aceita no meio. Não é um movimento sustentável, já que, em momentos de estresse, não consigo esconder quem realmente sou, e isso pode gerar um choque entre a imagem que criei e o que de fato sou diante das pessoas. Além, é claro, de ser uma grande violência comigo mesma.

Janela do desconhecido: quando muito grande, tudo pode acontecer. Aqui é o meu lado que ninguém conhece, nem eu mesma; podem ocorrer boas surpresas, como, por exemplo, em um momento de dor e dificuldades, eu demonstrar uma força que não imaginava ter, nem as pessoas que convivem comigo, como até mesmo ter reações exageradas que me prejudiquem em várias circunstâncias.

Uma caixinha de surpresas pode sair de tudo, por isso que o melhor caminho, o mais saudável, é o do autodesenvolvimento e do autoconhecimento.

Quanto mais tenho conhecimento de mim mesma, mais domino minhas fraquezas e potencializo minhas forças.

3.3. Os instintos e a intuição

Existem circunstâncias que exigem atenção, uma delas é quando os instintos me dominam, e, portanto, a violência também prevalece. Aprendi com uma amiga, Dulce Magalhães, sobre os três instintos básicos: medo, raiva e carência. Os instintos existem como uma defesa natural do ser humano. Não só precisamos dos instintos, como é impossível eliminá-los. A questão é o quanto deixamos que os instintos determinem nossos comportamentos.

Vamos iniciar analisando o medo, que inclusive foi apontado por Rosenberg como o maior causador da violência, já que, por medo, o ser humano tende a agir de forma egocêntrica e controladora. O medo me dá a falsa sensação de que posso controlar o mundo, e por medo tendo a agir com violência, essencialmente comigo mesma e com os outros. Por medo de perder o emprego, às vezes faço coisas que não estão de acordo com meus valores, isso é uma violência que faço para comigo mesma. Ou, por medo de que aconteça algo com meus filhos, proíbo-os de serem felizes, de fazerem o que querem, e assim por diante.

O medo passa a ilusão do controle, mas a vida não dá para ser controlada, gerando, portanto, muita frustração.

Um segundo instinto é a raiva, aquela sensação que nos leva à reação imediata sobre algo que nos afetou. A raiva gera uma reatividade tremenda, já que, na reatividade, podemos agir sem nem sequer tentar entender o que de fato pode ter ocorrido.

Na tradição xamânica, honra e respeito são aspectos muito valorizados. Honrar é a capacidade de conferir respeito ao outro. O termo respeito vem do latim *respicere*, que significa "disposição de olhar novamente". É ter o segundo olhar sobre as coisas e não ficar preso a um único ponto de vista particular em relação a uma pessoa ou situação.

3. O SER E A INTRACOMUNICAÇÃO

Geralmente a raiva é assim: toma lá, dá cá. Vejo algo, já acredito que seja x e já revido em y, e isso me leva a um desgaste emocional muito grande.

Por fim, o instinto da carência, que gera a sensação de escassez, de falta, de limitação. Essa sensação conduz:

- à competitividade exagerada: já que não tem para todos, preciso ser melhor para garantir o meu;
- a ser egocêntrico: afinal, até posso ajudar as outras pessoas, mas preciso garantir o meu primeiro, ainda que o outro precise muito;
- a acumular coisas, ao consumismo exagerado: pois acredito que pode me faltar um dia.

Isso tudo leva à violência, porque me faz pensar só em mim e não no sistema como um todo.

Rosenberg dizia que o oposto da não violência seria o medo; de minha parte, digo que são os três instintos básicos. Claro que temos necessidade deles para sobreviver; portanto, os instintos fazem parte da natureza humana. A questão que levanto é o quanto permito que os instintos me dominem.

Para transcender meus instintos: o medo cria uma ilusão de controle e, por consequência, frustração. Não tenho controle sobre o que pode ocorrer de fato, posso no máximo ter precaução e cuidados, mas não o controle total. Portanto, para transcender o medo, é preciso que minha fé seja grande o suficiente para que eu confie no fluxo natural da vida.

A raiva gera uma reatividade e a postura do "toma lá, dá cá". Como a raiva me leva a agir de forma irracional, sem muito critério, geralmente perco a paz interior e acabo por cometer atos tão ruins quanto os gatilhos que me levaram a esse sentimento. Para transcender a raiva, é preciso uma amorosidade perante as pessoas e as realidades de mundo. O amor no sentido de entender que algo levou ao ocorrido e que nem tudo acontece contra mim, apesar de me atingir.

3.3. Os instintos e a intuição

A carência nos leva ao senso de escassez, em que passo a ver falta em tudo. Nada do que tenho é suficiente, não há espaço para todos crescerem, todas as oportunidades são escassas e tendo a ficar centrada apenas em meus problemas, já que preciso sempre me garantir. Para transcender a carência, preciso estimular um modelo mental de senso de abundância, que é a natureza da vida. A natureza é abundante e tem para todo mundo, portanto, basta fazer um bom trabalho, com dedicação e qualidade, que terei meu espaço, poderei obter recursos na medida em que precisar, ser mais colaborativa e ajudar outras pessoas, pois quando eu precisar de ajuda, também serei ajudada.

Quando transcendo os instintos, minha fé se torna maior que o medo, há maior senso de abundância e o amor predomina sobre qualquer sentimento de raiva. Quando transcendo os instintos, passo a dominá-los e, com isso, meu campo de intuição e criatividade fica bem mais aberto. Passo a ver que, nos desafios, sempre haverá soluções e que não há mal que não se ajuste. Não é um processo simples, eu diria que é evolutivo e de estado de consciência.

Outra vilã da paz interior é a expectativa. Buda já nos dizia que expectativas só servem para criar frustração e ansiedade. Ou seja, na frustração começo a achar que o que quero é impossível, as coisas acontecem de forma diferente do que desejo, os olhos são do passado. Na ansiedade, passo a viver um tempo que ainda não veio e que nem sei se virá, meus olhos são do futuro.

Isso é no mínimo angustiante, passo a não saber mais como a vida deve ser, ou esse instante é diferente do passado, ou imaginei que seria; há um desajuste constante de olhar.

Importante lembrar que não vejo as coisas como elas são, e sim como eu sou. Mudar de mundo é mudar de olhar!

Aliás, existe um princípio do observador que nos revela que a forma como observo o mundo determina como será o meu mundo. Portanto, muitas das experiências que vivencio, que se repetem, na verdade são reproduções de estados e comportamentos, já que o que está por trás de tudo são minhas representações mentais. Um estudioso do assunto, o professor Horácio Frazão, chama isso de automimese, ou seja, um estado de hipnose no qual você age no piloto automático e suas crenças operam, inclusive as circunstâncias que se repetem e que você não deseja.

Automimese vem do grego *mimeses*, que significa imitação, reprodução, representação.

São experiências que se repetem em nossas vidas em circunstâncias diferentes.

Ou seja, na maioria das vezes, crio expectativas no outro baseado em modelos que já estão impregnados em mim, e pior, interpreto o que o outro faz de acordo com esse mecanismo que levará, de qualquer forma, a esse resultado.

Para ser mais clara, existem vários perigos nas expectativas:

1. Espero que o outro faça algo que eu faria – que o outro pense e tenha um modelo mental igual ao meu. Qualquer coisa diferente disso vai gerar frustração, ainda que seja algo bacana.

2. Espero algo ruim do outro – às vezes, crio uma imagem negativa do outro, e mesmo que o outro me faça algo bacana, há uma tendência de distorção daquilo baseado nas crenças que tenho a respeito da pessoa, ou da forma como aprendi a ver o comportamento da pessoa. É provável pôr uma lupa nas ações que abomino no outro e tendo a não ver com tanta clareza as coisas valorosas.

3. Espero algo muito bom do outro – é o inverso do anterior; neste caso, mesmo que a pessoa esteja me fazendo mal, eu simplesmente não percebo.

As expectativas são um dos motivos de criar um viés na comunicação, e para que eu possa trabalhar minha percepção de forma mais consciente, preciso aos poucos diminuir as expectativas. No estado da percepção consciente, devo orientar pensamentos para criar novas representações mentais. Para isso, devo parar de contar as mesmas histórias sobre mim e sobre os outros. Lembrar que sou várias facetas de uma essência maior.

Sempre digo que de nada adianta querer mudar várias coisas se o meu pensamento continua igual. Isso me leva a sair do automatismo. Ter sempre o mesmo modo de avaliação e, por consequência, o mesmo resultado.

Angeles Arrien[11] diz que há duas causas para mal-entendidos: não dizer o que queremos dizer, e não fazer o que dizemos. Quando dizemos o que queremos e fazemos o que dizemos, tornamo-nos confiáveis. Para os índios, a falta de alinhamento e ação resulta em perda de poder e efetividade.

3.4. Modelos mentais

Somos diferentes e isso é justamente onde está a beleza da natureza, pois é na diversidade que somos completos. No entanto, lidar com pessoas que pensam completamente diferente de mim não é um desafio simples. Temos a sensação de que a forma como vemos o mundo é a única que deve ser considerada, aliás, é muito comum na comunicação que nem sequer deixemos o outro completar sua fala: já completamos com nossas suposições, como se fossem óbvias e únicas formas de ver o mundo. Sem percebermos, decidimos pelo outro.

As necessidades afetivas e formas de ver o mundo do outro são muito diferentes das minhas, e isso mostra que há modelos mentais ecléticos. Preciso entender como sou moldada, quais são meus pontos de vista,

---

11   Angeles Arrien, *O caminho quádruplo*: trilhando os caminhos do guerreiro, do mestre, do curador e do visionário, 2. ed., São Paulo, Ágora, 1997.

minhas preferências comportamentais e, portanto, qual a tendência de como vejo o mundo.

Quais são as falhas mais comuns na comunicação? Geralmente filtro as conversas naquilo que me interessa, interpreto de acordo com a forma como vejo o mundo e insiro informações que não existiam antes. Compreensão é fruto de conhecimento, aprender sobre como sou gera interesse em mudar sem perder a essência. Cada um de nós tem uma forma única de funcionar e pensar, e daí decorre a beleza da vida. A isso chamamos de modelos mentais, ou seja, a forma de pensamento com que cada pessoa percebe o mundo real. São representações da realidade que interferem na cognição. Para se comunicar com outras pessoas, é importante entender como funciona a minha comunicação e a das outras pessoas.

A minha percepção das coisas, que ocorrem na minha vida, é definida pelos meus modelos mentais; isso me leva a ter sentimentos, pensamentos e até mesmo necessidades. Isso advém de minhas experiências, história de vida e situações que vivencio.

É difícil abrir mão dos meus modelos mentais, já que há uma tendência a acreditar que essa maneira de ver o mundo é a única correta. O meu sistema nervoso central me faz acreditar naquilo que penso ser a única possibilidade, e isso é limitante para minhas ações; além disso, nossa comunicação fica direcionada a esse único ponto de vista.

A cultura traz modelos mentais coletivos e, de alguma forma, nos molda, assim como o ambiente no qual sou criada, os cenários e as realidades que vivencio. A minha história pessoal me molda a acreditar que essa seria uma forma única de viver. Por isso, para entender melhor meu modelo mental, preciso investir muito em autoconhecimento, de modo que, ao identificar meus talentos, minhas preferências comportamentais, eu possa perceber como tendo a ver o mundo. Isso ajuda, inclusive, a mudar o cenário que quero para minha vida.

Outra coisa que contribui bastante é ver como oportunidade as crises que enfrentamos, pois são justamente elas que nos forçam a olhar para coisas que fogem dos nossos padrões. As dificuldades que tenho na minha vida podem, sim, ampliar possibilidades quando bem aproveitadas. Digo isso porque muitos as utilizam apenas para se lastimar e reclamar, e nesse caso não ajudam em nada.

Aliás, meus erros me ensinam muito. Aprendi quando estudava programação neurolinguística que não existem erros, e sim resultados obtidos não esperados. Se passo a ver meus erros nessa ótica, percebo que, para os resultados que eu esperava, preciso ter outros tipos de comportamento ou percepção, e isso certamente amplia minhas possibilidades para além do meu modelo mental.

Ampliar um modelo mental é desapegar dos meus pressupostos, generalizações ou mesmo de um pensamento ou percepção de algo. Devo pensar que todas essas coisas influenciam minha maneira de ver o mundo e de agir, e que, se me prender a elas, fecho possibilidades enormes que o mundo me oferece.

A linguagem que uso é capaz de influenciar meu modelo mental, por isso mudar alguns padrões de pensamento que advêm da semântica pode ajudar.

3.5. O poder da semântica

O que comunico está ajustado em função de uma estrutura mental, e esta, por sua vez, está atrelada aos meus valores internos que me geram um significado. Por isso, a escolha das palavras faz tanta diferença na repercussão da comunicação, essencialmente com a comunicação interna, ou seja, a intracomunicação. Podemos substituir uma linguagem que implique falta de escolha por outra que reconheça a possibilidade de escolha. Isso ajuda substancialmente no modo como me interpreto.

3. O SER E A INTRACOMUNICAÇÃO

Uma das formas de comunicação alienante da vida, segundo Rosenberg, é a negação de responsabilidade, já que isso turva minha consciência de que cada um de nós é responsável por seus próprios pensamentos, sentimentos e atos. Isso fica bem claro ao se usar a expressão "ter de", ou seja, ao falar que há necessidade de se fazer algo. Isso ilustra de que modo a responsabilidade pessoal por nossos atos fica obscurecida nesse tipo de linguagem. Rosenberg também cita a expressão "fazer alguém sentir-se", ou "você me faz sentir algo", como outro exemplo da maneira pela qual a linguagem facilita a negação da responsabilidade pessoal por meus sentimentos e pensamentos.

Rosenberg mostra, inclusive, como isso pode fazer grande diferença interna, pois traz a sensação de algo vago e impessoal, já que tive de fazer em razão de fator externo. Pode me dar uma condição em espécie de diagnóstico: sou assim porque sou assado, ou a sensação de que faço as coisas porque outras pessoas mandaram fazer, o que tira totalmente a responsabilidade dos atos.

Pode ser por uma pressão de grupo, por uma política que sigo, por papéis da sociedade (citados no capítulo no qual explico o conceito de normose), ou até mesmo por impulsos incontroláveis que sou levada a agir em determinada circunstância, e não porque fiz uma escolha. Por isso o uso das palavras é tão forte. Uma linguagem que implica ausência de escolha ratifica o comportamento da falta de assumir responsabilidades.

Mas preciso deste emprego. Tenho de trabalhar para sustentar minha família. Escolho trabalhar para sustentar minha família, mas ainda há uma escolha consciente nisso. Rosenberg alertava sobre o perigo de não ter consciência da minha responsabilidade por meus comportamentos, pensamentos e sentimentos.

Esse significado gerado é o que me mobiliza e, portanto, a forma como falo pode fazer toda a diferença quanto às minhas atitudes perante a vida. Lembrando que a comunicação não é só o que falo, mas também os comportamentos e atitudes.

Existem cinco aspectos de ajustes semânticos que podem criar sentidos subliminares mais positivos na vida para gerar uma realidade diferente da atual, de acordo com o professor Horácio Frazão:

- **Querer para poder**: ao falar que quero algo, subentende-se que há a falta desse algo, o que gera a escassez. Por outro lado, se digo que posso ter algo, crio uma habilitação inconsciente para que eu tenha a atitude correta de fazer acontecer.

- **Tentar para experimentar**: já reparou que quando as pessoas dizem que vão tentar algo, há uma grande chance de não acontecer? A palavra tentar leva à indisposição e ao fracasso. Por outro lado, quando digo que vou experimentar algo, inconscientemente a sensação já muda, gera abertura, cria uma predisposição natural, uma certa liberdade.

- **Problema para desafio**: quando digo que tenho um problema, o meu comportamento automaticamente é mais reativo, e a sensação é de ter um peso nas costas. O desafio me mobiliza a renovar criativamente e me superar na experiência.

- **Esforço para dedicação**: o esforço não é uma lei natural, na natureza as coisas fluem; o esforço é quando você nada contra a correnteza. A dedicação é uma condição mais prazerosa, com zelo, foco e envolvimento.

- **Luta por atuação**: a luta vem da defesa, do esforço, e se fecha para a vida. Já a atuação aparece de forma inteligente e focada, e não apenas sobrevivente. Acredito que viver é lidar com valores impostos de que a vida é luta, e as ações se justificam de acordo com esse paradigma. Quando você perde essa percepção, seu estado volta ao natural de uma onda de possibilidades muito mais abrangentes e com muito mais potencial de escolher como você quer que sua vida seja.

3.6. Automatismos

Alguns comportamentos fogem do nosso controle, estão em nosso inconsciente, e assim agimos de forma a nem sequer percebermos o real motivo daquela reação emocional. Entender o que nos leva a ter uma reação exagerada ou a nos sentir mais livres é importante para saber lidar com nossas emoções.

Como Jung dizia, quando enfrentamos nossas sombras, passamos a dominá-las. Trazer à consciência o que nos levou a comportamentos tão automatizados é uma forma de encarar nossas sombras.

Memórias condicionadas

Quando ocorre uma reação emocional muito exagerada frente a um evento, a primeira coisa que acontece é o olhar julgador das pessoas que ficam "indignadas" com tal comportamento. Mas será que esse comportamento representa o evento em si? Algumas reações emocionais estão atreladas ao passado. Às vezes, reações intensas em situações que aparentemente não deveriam afetar tanto, ou são desproporcionais aos olhos das pessoas, podem, na verdade, remontar a algum episódio já vivenciado anteriormente: algum sentimento negativo ou medo que ficou registrado no meu inconsciente, que acabou reativado naquela situação semelhante no presente. Entenda que a situação semelhante pode ser uma parte da minha memória, não o que de fato ocorreu.

Quando eu era criança, tinha três amigas com as quais eu vivia colada. Nossa amizade era muito grande, na verdade ainda é. Mas, numa ocasião, brigamos e fiquei muito triste e isolada. Lembro que foi um sentimento bem forte e de fato sentia uma solidão na escola. Não tinha consciência disso e, inevitavelmente, quando discutia com alguém, esse sentimento forte retornava. Às vezes, era desproporcional à circunstância.

Mudou a época, mudaram os envolvidos, mas, de alguma forma na memória, a reação emocional tem algo similar. O problema é que isso é inconsciente e, na maioria das vezes, não há a percepção do verdadeiro motivo. Isso é o gatilho emocional ou são memórias condicionadas.

Imagine que relevei algo que me magoou, mas a mesma pessoa voltou a me agredir duas ou três vezes e minha reação vem mais forte. Perco a paciência e, em uma quarta vez, a minha reação é aterrorizadora. É mais ou menos isso, só que não se trata da mesma pessoa e não é consciente. É uma gotinha d'água que me leva a ter um surto que, aos olhos dos que me assistem, é fora de contexto, exagerado e sem noção.

Aconteceu comigo e só pude controlar isso quando tomei consciência do gatilho emocional. Ninguém gosta de passar por isso e, naturalmente, passado o surto, senti culpa, vergonha e até mesmo medo do julgamento das outras pessoas. Quanto mais sentia isso, mais violência cometia comigo mesma.

O ideal nesse momento é parar de se culpar, já que isso só vai aumentar o problema. Se a reação foi exagerada, devo refletir sobre o que me levou a agir dessa forma. Que sentimento disparou? Alguma memória com um sentimento similar? Para isso, é importante um lugar reservado, silencioso, que permita esse mergulho interno para buscar respostas. Foi o que fiz.

Essa foi uma grande oportunidade de entender melhor o que aconteceu, porque quando tirei o peso da culpa, concentrei-me em silêncio absoluto, resgatei a minha memória e compreendi que minha reação exagerada vinha de outra realidade distante. Isso não muda os fatos, mas me fortalece para que eu possa ter controle sobre isso em uma próxima vez.

E, de fato, quando aconteceu de novo, eu já tinha consciência de que o sentimento era exagerado perante os fatos. Isso me acalmou e me controlou. Isso vale também para termos mais tolerância com as pessoas que estão ao nosso redor. Se alguém teve alguma reação exagerada frente a uma circunstância, cabe ter empatia e tentar entender o que pode estar ocorrendo, em vez de fazer um julgamento automático.

Potencialidade pura

A potencialidade pura é o oposto das memórias condicionadas, pois é um estado de plena conexão e consciência. É um estado no qual há total percepção de quem eu sou, como sou, naquilo que entrego, fazendo, portanto, com que eu possa seguir minha intuição e minhas vocações. Aqui não há automatismo, não estou condicionada, as reações são presentes e as percebo, porque tenho autonomia de entender melhor meus sentimentos e necessidades.

Para isso, é preciso praticar o silêncio, a meditação, a busca interior, e, acredito, também o contato com a natureza e com a arte, já que, como Kandinsky dizia, a busca das suas necessidades interiores pode ocorrer por meio da arte. Afinal, arte é uma comunicação que parte das suas necessidades mais profundas e que, por ressonância, se aproxima de outras pessoas.

Libertação emocional

Há uma tendência de acreditar que o outro é responsável por meus sentimentos, como se esse poder ou essa responsabilidade por minha vida pudessem ser dados a outra pessoa, quando na verdade são só meus. Como se meus sentimentos fossem frutos de ações de outras pessoas. Marshall Rosenberg fala que o primeiro passo no processo de expressar plenamente a raiva é perceber que o que as outras pessoas fazem nunca é a causa de como me sinto. No início, provavelmente não se tem consciência disso, mas, na verdade, a raiva está localizada em meus pensamentos.

Ele dá um exemplo que acho bem interessante: alguém chega atrasado para um compromisso, e há uma necessidade de saber se essa pessoa se importa comigo; a tendência é de se magoar com o atraso. Se a minha necessidade for passar o tempo de forma útil e construtiva, deve gerar uma frustração. Por outro lado, posso aproveitar aquela espera para resolver algumas pendências, ou me permitir a solidão calma, o que gera satisfação e gratidão em vez de raiva. Rosenberg fala que não é o comportamento das outras pessoas, e sim minhas próprias necessidades que causam meus sentimentos.

Quando tenho plena consciência disso, há a libertação emocional, em que assumo total responsabilidade por meus sentimentos; tentar atender às minhas necessidades à custa dos outros seria, no mínimo, insano. O comportamento dos outros influencia, pode me afetar indiretamente, mas não é o causador principal. A raiva, por exemplo, é resultado de pensamentos alienantes da vida que estão dissociados das minhas necessidades. O julgamento contribui para a violência.

Aliás, a ofensa nesse caso só se torna real quando a permito e, de alguma forma, concordo com ela. O outro pode tentar me ofender, mas só de fato o faz se eu permitir que aquilo me afete. Se o que o outro me diz não faz nenhum sentido para mim, não tem por que eu me sentir ofendida. A ofensa é um sinalizador de que algo não está bem resolvido comigo mesma e que, portanto, eu concordo com o ataque que estou recebendo.

Se alguém me disser que sou nariguda, por exemplo, vou dizer que fico feliz que essa pessoa tem visão e pode constatar algo que é tão óbvio. Talvez, quando criança, isso me afetasse porque não era bem resolvido em mim, mas hoje não me afeta absolutamente. No entanto, se alguém falar que sou burra, logo penso no que pode ter levado aquela pessoa a querer me atacar, porque sei que sou inteligente e que aquilo é um ataque por conta de necessidades não atendidas dessa pessoa. Eu saio do egocentrismo, não fico ofendida, foco no comportamento do outro e o que o levou a agir assim.

Isso é libertador, minimiza a vitimização e nos torna muito mais autônomos, embora não totalmente, já que ainda há paradigmas que nos moldam, como veremos a seguir. Ou, como diria Rosenberg: "Libertação emocional, na qual aceitamos total responsabilidade por nossos próprios sentimentos, mas não pelos sentimentos dos outros, e ao mesmo tempo temos consciência de que nunca poderemos atender a nossas próprias necessidades à custa dos outros"[12].

---

12   Rosenberg, op. cit.

3.7. Paradigmas e normose

Paradigma é um padrão que estabelece limites, regras e condutas internas e inconscientes nos quais muitos se apoiam e se restringem. Os paradigmas existem para que se possa viver em sociedade, mas não são regras fixas e imutáveis. São apenas um apoio que posso ou não usar, mas que, na maioria das vezes, acredito que são a única maneira de agir e seguir.

Alguns paradigmas ficam tão impregnados, e de forma inconsciente, que nem sequer percebo o quanto atrapalham. Vou trazer alguns para um melhor entendimento.

Pierre Weil, Jean-Yves Leloup e Roberto Crema[13] criaram esse termo para denominar a patologia da normalidade. Quase tudo o que acaba com "ose", em geral, tem relação com doença, e a normose é aquela relacionada a hábitos que, embora considerados normais, na realidade são patogênicos e nos levam à infelicidade.

Quando muitas pessoas seguem uma mesma opinião, ou uma atitude, ou maneira de atuar, há um consenso, que dita uma norma. Quando uma norma é adotada por muitos, cria-se um hábito, um costume. A normose pode ser considerada como o conjunto de normas, valores, estereótipos, hábitos de pensar ou de agir aprovados por um consenso ou pela maioria das pessoas de uma determinada sociedade, que leva a sofrimentos, doenças e mortes. Toda normose é uma alienação, e a característica comum a todas as suas formas é o caráter automático e inconsciente.

Mario Sergio Cortella conta, em seu livro *Qual é a tua obra?*[14], que acompanhou índios xavantes em 1974 em São Paulo para que eles conhecessem um pouco de nossa cultura. Os índios foram levados para andar de

---

13   Pierre Weil, Jean-Yves Leloup e Roberto Crema, *Normose*: a patologia da normalidade, 4. ed., Petrópolis, Vozes, 2011.

14   Mario Sergio Cortella, *Qual é a tua obra?* Inquietações propositivas sobre gestão, liderança e ética, Petrópolis, Vozes Nobilis, 2007.

metrô, e a primeira coisa que perguntaram é por que as pessoas não se olhavam umas às outras; note-se que o comportamento independente da tecnologia, do uso do celular, já aparecia.

Depois, levaram os índios para passear em um shopping: eles se impressionaram com a grande quantidade de espelhos e questionaram a razão de olhar para si mesmos, se o que realmente interessa é olhar para outras pessoas. Quando foram até o Mercado Municipal, ficaram encantados com a enorme quantidade de alimentos – vale ressaltar que comida tem muito valor para os índios. Ao verem duas crianças comendo comida estragada no chão, imediatamente perguntaram: "Por que essas crianças estão comendo comida estragada com tantos alimentos por aqui?". "Por que elas não têm dinheiro." "E os pais delas?" "Também não têm dinheiro." Depois de um longo silêncio, perguntaram: "E vocês? Comem desta comida estragada ou daquela que vemos à venda ali?".

Cortella descreve que, quando responderam que comiam da boa comida, os índios quiseram ir embora imediatamente, não do Mercado Municipal, e sim de São Paulo. Não suportaram ver uma cena que parecia ser "normal" em grandes cidades. Infelizmente é uma cena comum, mas bem longe de ser normal. O fato de se tornar "normal" é um indício de normose.

Os autores do termo normose afirmam que ela surge quando o sistema se encontra dominantemente desequilibrado e mórbido. Então ser normal passa a ser ajustar-se à patologia reinante, mantendo, assim, o status quo. De certa forma, o normótico perde a consciência e não vê o que está ao seu redor; do ponto de vista sistêmico, falta escuta, falta uma visão mais sistêmica das coisas e há um certo comodismo.

Um dia, há muito tempo, Khidr, o mestre de Moisés, dirigiu uma advertência ao gênero humano afirmando que, em determinada data, todas as águas seriam transformadas, fazendo os humanos enlouquecerem. Somente um homem prestou atenção à advertência. Recolheu uma quantidade de água suficiente para ele, armazenando-a por precaução.

No dia indicado, as torrentes deixaram de correr e os poços secaram. Observando o que ocorria, o homem foi ao seu refúgio e bebeu da água guardada em seu reservatório. Quando notou as fontes jorrarem novamente, foi misturar-se aos outros homens, e observou que todos estavam totalmente loucos. Quando tentou dialogar com eles, percebeu que olhavam de forma estranha, tratando-o com hostilidade ou pena, como se fosse ele o louco!... Em seu ostracismo (medo de ser banido da sociedade), ele seguiu bebendo, de início, da água guardada. Finalmente, resolveu beber da nova água, por não poder suportar mais a tristeza do isolamento. Tornou-se então igual aos outros, esquecendo inteiramente de tudo o que ocorrera com as águas. Seus semelhantes, aliviados, passaram a encará-lo como um louco que fora devolvido à razão, milagrosamente.

Esse conto traz o conceito do Ostracismo, herdado da Grécia Antiga, que é o medo de ser banido da sociedade. Ostracismo era um método da antiga Atenas para condenar a um exílio de dez anos uma pessoa que fosse considerada perigosa para o Estado. Na votação, eles colocavam nomes escritos em pedaços de cerâmica e telhas, que eram mais abundantes que papel. Esses cacos se chamavam OSTRAKON, com a mesma origem de OSTREON, "ostra", mas com outro significado. Daí o nome Ostracismo.

Ou seja, por medo da exclusão, há uma tendência de fazer coisas para agradar um grupo, ou seguir o que a maioria faz. Isso pode virar uma normose quando faço coisas que não são exatamente o que acho corretas ou que queria, mas que estão de acordo com o que a maioria decide.

Esse fenômeno ocorre de forma muito evidente em eleições, ao se deixar de votar em um candidato que, nas pesquisas, demonstra não ter chance de ganhar. Acabo seguindo o que a maioria prefere e não o que de fato acredito ser o melhor. Interessante é que, de fato, o candidato passa a não ter condições competitivas, já que esse fenômeno tende a ocorrer na grande massa.

Isso entra em colapso com um dos pontos mais importantes na comunicação não violenta, que é lidar com a autenticidade. Dar vazão à minha autenticidade exige uma resposta sincera a essa pergunta. Quantas vezes me escondo dentro de uma sociedade na busca insana de ser aceita? Inclusive, essa busca é, na verdade, uma necessidade de conexão que temos, porque somos seres sociais e, portanto precisamos a cada dia aprimorar nossos relacionamentos.

Há um experimento de conformidade, chamado "experimento de Asch", realizado pelo cientista Solomon Asch que mostra esse comportamento. Ele propôs que voluntários respondessem a perguntas subsequentes, alheios ao fato de que, na verdade, para cada grupo havia apenas um voluntário, sendo todos os outros atores.

Os voluntários se deparavam com figuras como as que seguem:

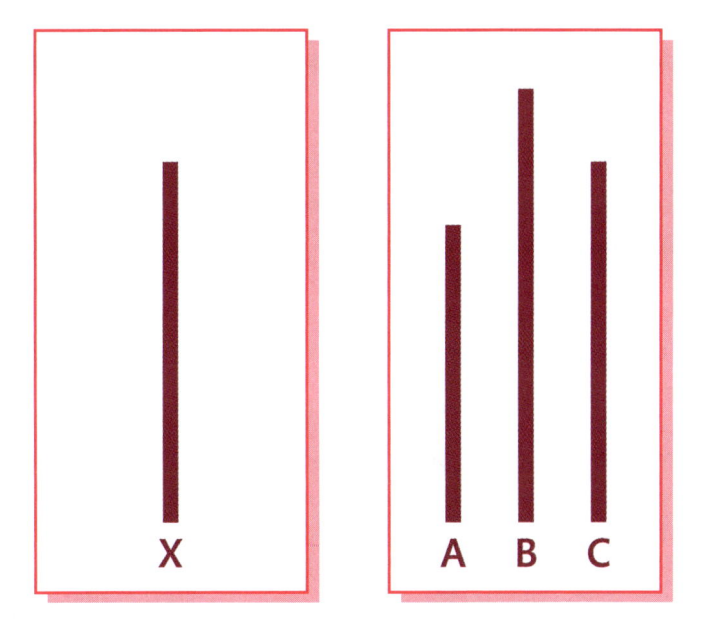

Experimento de Solomon Asch[15]

---

15   Solomon Asch, Effects of Group Pressure Upon the Modification and Distortion of Judgements, in: Harold Guetzkow, *Groups, Leadership and Men*: Research in Human Relations, Lancaster, Carnegie Press, 1951.

3. O SER E A INTRACOMUNICAÇÃO

O experimento perguntava aos participantes qual a linha correspondente a X, o que para o voluntário, como para quem está olhando agora, fica evidente ser a linha C O voluntário responde corretamente, enquanto os atores respondem unanimemente que é a linha A. Isso ocorre de forma sequencial com outros questionários. O incrível desse experimento é que 70% dos voluntários passaram a responder errado.

Ao serem entrevistados, esses voluntários comentaram que, de início, ficaram confusos, já que todos estavam respondendo errado; alguns falaram que, em algum momento, a confusão os levou a verem errado, mas que, no fim das contas, perceberam que eles estavam mesmo corretos. Então vem a pergunta mais importante: por que então responderam errado, mesmo tendo a percepção do correto?

E a justificativa da maioria deles foi: "Porque todos indicaram outra resposta!".

Isso mostra que, mesmo sabendo o caminho correto a seguir, posso ser direcionada à opção da maioria. Isso é uma das vertentes mais fortes da normose, que nos leva a agir de acordo com a maioria das pessoas, e não conforme minhas próprias convicções.

Setenta por cento é um percentual alto, não é mesmo? Essa necessidade de ser aceito em um grupo ou seguir o padrão da maioria parece nos inserir em estado normótico.

O interessante é que essa busca pela aceitação pode ser estudada em um nível mais profundo. Na tradição xamânica, de acordo com Angeles Arrien, Ph.D. e antropóloga cultural, o termo arco sagrado é sinônimo de autenticidade, ou seja, faz-nos lembrar de quem somos. Eles dizem que sempre que somos nós mesmos, em conexão com a nossa espiritualidade, estamos ligados ao nosso "arco sagrado".

Existem duas formas de negação de nosso arco sagrado. Uma delas é esse padrão de indulgência, ou seja, aquele com o qual exageramos situações e problemas para chamar atenção. No fundo, sob esse padrão esconde-se uma grande necessidade de aceitação e aprovação. A outra forma de sair do arco sagrado são os padrões de negação, em que novamente o medo aparece para que eu evite entrar em conflitos ou lidar com eles e, portanto, passo a evitar determinadas pessoas ou problemas, e a ver as coisas como quero que elas sejam, em vez de aceitá-las como são.

Ao negar quem sou ou como as coisas são, vejo estas apenas como quero que sejam, deixo de aceitar as coisas e a mim mesma. Ou, em outra perspectiva, quando busco a aceitação a qualquer custo, cometo violências comigo mesma, e a comunicação que é passada é de inconsistência e falta de identidade.

Os limites que a normose estabelece também chamam atenção. Quantas vezes me limito a fazer coisas em função da idade, de gênero ou de condições físicas? O que mais existe são histórias de pessoas que ultrapassam esses limites a cada dia, mostrando que acreditar neles é um modo de manifestar a normose.

Quando minha filha completou 6 anos de idade, ganhou um par de patins. Eu e meu marido resolvemos comprar os equipamentos de segurança e, por empolgação, acabamos adquirindo patins também para nós. Naquela época, o caçula tinha 1 ano de idade, e as curtições de final de semana eram nos parques. Revezávamo-nos entre andar de patins com a mais velha e andar de carrinho com o nenê, o que nos era extremamente prazeroso como entretenimento em família.

Até que, um dia, percebi que ia cair e fiquei com medo. O medo cria a realidade, e se simplesmente tivesse caído, com os equipamentos não teria me machucado. O problema é que travei o corpo em função do medo e, na queda, caí para trás com o braço esticado, e a alavanca que o impacto criou em meu braço com o peso do meu corpo fez com que eu quebrasse o cotovelo esquerdo.

Quando coloquei o gesso, muitas pessoas tiveram uma certa "empatia" diante da minha situação e me perguntavam como fazia para trabalhar e para cuidar do nenê. Interessante é que essa empatia só durava até descobrirem como caí, pois quando contava que ocorrera andava de patins, ouvia julgamentos do tipo: "Ah, que absurdo, você não tem mais idade para isso", "Isso que dá pensar que ainda é adolescente", "Que ridículo, isso não é mais para você!", entre muitos outros julgamentos acompanhados de risadas pejorativas. Passei a ter certa vergonha de responder como me machucara e, geralmente, limitava-me a contar que havia tido uma queda.

Até que, um dia, minha filha estava ao meu lado e falou: "Mãe, conta que você estava comigo andando de patins!". Naquele momento, dei-me conta de que não tinha motivos para esconder o fato, não tinha nada de errado naquilo, não havia feito nada ilícito. Inclusive, ao me reabilitar após cinquenta sessões de fisioterapia, fui até o Ibirapuera, em São Paulo, ter aulas de patins. Senti que precisava voltar a confiar na minha capacidade e aquilo se tornou um desafio para mim.

Durante muitas aulas, fiquei só aprendendo a cair e, em muitas outras, a confiar no equilíbrio do meu corpo. Foi uma lição que transcendeu a barreira física, pois compreendi que posso ter equilíbrio mesmo em circunstâncias que as rodas da vida me agitam e me desequilibram. Mas a maior lição que tive foi ter conhecido um senhor de 75 anos com um físico de 55 anos, fazendo acrobacias sobre patins e com total liberdade. Ele ali, dono de si e com uma habilidade incrível.

O que impediria uma pessoa de 75 anos, com o físico e a habilidade que ele tinha, de andar de patins? E por qual motivo uma pessoa na faixa de 40 anos não poderia? São estereótipos que criamos e que nos limitam na vida. Isso é uma manifestação de normose, sem sombra de dúvida. Perco a minha individualidade para me moldar ao que é um padrão na sociedade, ou o que esperam de mim. Isso é uma violência com a nossa essência e autenticidade. Perco a oportunidade de viver a experiência do encontro comigo e com o outro para uma vida cênica e superficial.

Além disso, eu me questiono sobre como inovar com as limitações da normose. Inovar exige percepção do que precisa melhorar, além de coragem de transcender paredes invisíveis.

3.7. Paradigmas e normose

"A experiência com o outro é uma oportunidade para o desenvolvimento individual. Essa é uma experiência de ampliação e crescimento, de ética e cuidado, de conexão com a integralidade da criação. O vínculo é o início de tudo, e para o caminho da espiritualidade é preciso gerar o encontro com o melhor do outro.

Para a transformação, contudo, é preciso o encontro consigo em primeiro lugar na busca do elo de sabedorias. Esse processo requer aprendizados de escuta ativa, lucidez, discernimento e criatividade.

A vida pode ser um fluxo químico, fluxo de informações, energia, pensamento, luz, sobrevivência e transcendência. A composição de nosso corpo tem nutrientes essenciais, água, oxigênio, proteína, minerais e gorduras. A saúde é um equilíbrio de tudo isso. Podemos entender que a doença é a desconexão com o sagrado, e o ser humano é o encontro dos infinitos por meio do amor, que é a manifestação maior do sagrado.

Então por que há tanta discórdia? Por que as pessoas não pensam de forma mais coletiva?

Quem cria as fronteiras é a mente, a separação é mental e não natural. Considerando que o esperado é criação de nossa mente, os erros ocorrem por minhas distorções de visão frente ao mundo. Isso mostra meu nível de percepção e consciência.

Portanto, é tempo de focar a luz e entender que as expectativas não devem ser banidas, mas apenas aperfeiçoadas. De lembrar que a luz e a sombra não são pares, já que a luz não precisa da sombra para acontecer.

É esse o momento de encontrar a causa da vida e lembrar que somos todos um, e que a parte de nós que sustenta a matéria é o grande impulsionador de correntes de paz e amor. E o encontro é o começo de tudo!"

(Fernanda Dutra)

3.8. A escassez e a abundância

A escassez me leva ao sentimento de impotência e de falta de realização. Quando estou em estado de escassez, prejudico a realização de uma vida como gostaria que fosse. A escassez é muito ampla, um conjunto de estímulos e padrões impostos, bloqueios advindos de uma cultura com mecanismos internos, que impõem limites para o desenvolvimento pessoal. Decodificar mecanismos mentais que me levam a agir de determinada forma ajuda em meu processo de autoconhecimento. A escassez é um estado comum na maioria das pessoas; portanto, ela geralmente está presente na maior parte do tempo.

Alguns princípios podem ajudar nesse processo de tomada de consciência sobre o paradigma da escassez. A forma de lidar com a realidade, a interpretação e as capacidades são mesmo passíveis de alterar as circunstâncias. Existem vários estímulos externos que nos levam à escassez. De acordo com Dulce Magalhães[16], que se dedica a estudar o assunto, o mundo capitalista nos faz acreditar que os recursos não são suficientes para todos. A escassez é uma excelente técnica de vendas, o que, aliás, é péssimo como estilo de vida. Quem nunca se deixou levar por uma peça que achou ser a última da loja?

Uma das primeiras limitações que a escassez cria é a geração de uma competitividade que vai além do que é saudável para evoluir. Em uma mente em que impera a escassez, o pensamento fica sempre limitado a acreditar que não tem espaço para todo mundo e, portanto, é preciso competir para que só os melhores sobrevivam. Em um processo de inovação e criatividade, isso é extremamente incongruente, já que nos leva a acreditar que o mundo está limitado para poucos.

Um conceito que denomino como empatia circular (mais detalhes em capítulos posteriores) é pensar que todos temos espaço no mundo, e a

16   Dulce Magalhães, *Manual da disciplina para indisciplinados*, São Paulo, Saraiva, 2008.

inclusão precisa existir de alguma forma. Como podemos ter um processo inclusivo e inovador, com mentes escassas que se limitam a competir e a criar movimentos, e no qual poucos são os privilegiados?

Mas é possível extrapolar esses limites impostos. A maioria de nós cresceu usando uma linguagem que nos leva a esse processo de escassez. Ouvimos coisas do tipo: "Você precisa ser melhor para que tenha um espaço no mundo" ou "Você precisa ser melhor que os outros para garantir que seja escolhido em algo", e assim por diante.

Na verdade, isso nos limita a acreditar que só teremos espaço no mundo se nos esforçarmos absurdamente, e para que as pessoas valorizem o que fazemos, não só nos esforçamos como reclamamos para mostrar "quão difícil e de grande valia é o nosso trabalho".

Isso me leva a crer que tudo que está fluido demais, fácil demais, talvez não seja de grande valor, e portanto, quando as coisas estão no fluxo natural da vida, acontecem como têm de acontecer; posso não absorver como oportunidade e deixar passar o que talvez fosse um dos caminhos mais interessantes de vida.

Quem molda minha mente é minha consciência, que, por meio de um conjunto de informações, cria pensamentos e sentimentos que me levam a um estado próximo de uma condição natural de abundância ou a bloqueios de escassez. Uma mente modificada amplia possibilidades de evolução, me permite sair da caixa que me limita a um olhar programado e com respostas únicas e absolutas, redimensionando minhas crenças.

O sistema leva a absorver um processo de arquitetura mental com crenças estampadas em circuitos neurais que me conduzem a agir de forma menos consistente. Podemos provocar um estado específico que propicia uma mudança de atitude, desde que as minhas interpretações sobre as circunstâncias e sobre mim também mudem. A forma como eu observo altera a estrutura mental do meu cérebro e, com isso, há uma mudança do meu estado interior.

Isso ocorre ainda em outros níveis da escassez, em que também sou levado a não usar de forma adequada os meus recursos, pois a mente escassa sempre acredita que não tem o suficiente e, com isso, tende a querer ter mais recursos que o necessário. O desperdício de recursos leva de fato a uma escassez, ou seja, a escassez mental leva à escassez real.

O estado de abundância, ou estado próspero, é uma consciência e um estado de liberdade geral, de experiência, de relações, de recursos e de ações. Estou neste mundo, vivendo uma experiência na qual posso expressar a liberdade do meu ser, de forma integral para vivenciar a existência. O estado de abundância me faz enxergar os recursos que tenho para articular uma experiência nesta existência de forma mais ampla e significativa. Isso me torna mais sábia, mais evoluída e mais expandida.

Pensando novamente no uso de recursos, a escassez me leva a acreditar que não tenho o que preciso, fazendo-me buscar algo que me falta substancialmente. Se me falta algo, não sou capaz de me expressar por completo em todo meu potencial. Acumulo recursos, com atos consumistas que me levam a gastar mais do que posso, gerando assim escassez de dinheiro; aliás, um grande paradoxo da escassez é que justamente esse estado é o que nos leva à falta.

Pessoas acumuladoras tendem a viver por mais tempo em estado de escassez. Quando um acumulador é questionado sobre o motivo de guardar determinada coisa que parece não ter nenhuma utilidade, as respostas costumam ser parecidas com esta: "Pode ser que precise um dia!". O problema é que, quando precisar, certamente aquilo estará sem condições de uso.

Tive uma experiência de escassez que me fez rever muito essa questão de guardar coisas que não estão sendo utilizadas pela mentalidade de que poderiam ser usadas no futuro. Quando tive minha filha, ganhei muitas roupas tamanho RN, que mal foram usadas, e resolvi guardar algumas delas para meu segundo filho. Quando ele nasceu, cinco anos depois, além de a maioria das roupas ser muito feminina, as que lhe serviam estavam amareladas pelo tempo em que ficaram guardadas, além do fato de o meu bebê ter nascido enorme, com 54 cm e 4,2 quilos. Ou seja, RN para ele nunca foi uma opção. Isso me fez perceber que, se eu tivesse doado, outra criança teria usado antes que as peças tivessem amarelado.

Na minha casa, aprendemos que aquilo que não está sendo usado pode ser mais útil a alguém, então a doação é imediata. Comprou ou ganhou uma nova peça? Alguma outra deve sair do armário para doação. Mas será que não vou precisar daquilo um dia? Se precisar, vou atrás do recurso, não preciso guardar por anos para voltar a usá-lo só depois de uma década, por exemplo.

Por fim, a escassez me leva a um comportamento mais egocêntrico, pois cada vez que considero poder ajudar alguém, penso que devo me garantir primeiro, e depois ajudar a pessoa. Afinal, não tem para todo mundo, não é mesmo?

Acontece que a pessoa, nesse momento, precisa da minha ajuda, talvez não seja possível esperar, ou talvez o recurso daquele momento deva ser direcionado a quem realmente precisa. E eu? Como vou me garantir? O pensamento abundante me faz perceber que, quando eu precisar, alguém também vai me ajudar, pois sempre existirão outras pessoas abundantes.

O primeiro passo é modificar nossa visão de realidade. No padrão cultural da escassez, que tem modelado as relações, imperam três grandes consequências, como já dito antes:

1. Se vai faltar, então preciso cuidar de mim, e quando sobrar tempo ajudo outras pessoas;
2. Se vai faltar, então vou competir para garantir que ganhe algo enquanto alguém vai perder;
3. Se vai faltar, então vou acumular para que, se faltar, não falte para mim – o acúmulo leva à desigualdade.

No modelo mental da escassez, os processos de inovação são prejudicados, já que a competição e a necessidade intrínseca de ser melhor que os outros podem prejudicar o trabalho em equipe. Além disso, é preciso perceber os recursos que já se tem, pois na escassez, só vejo a falta. E, por fim, ajudar a quem precisa na equipe é essencial, pois quando penso sempre em mim primeiro, certamente os projetos ficam bem comprometidos.

A sociedade busca avanços, mas, infelizmente, ainda são predominantes a exclusão, a desigualdade e, como consequência, a violência. O que também é fruto, entre outros fatores, de um paradigma fundante da percepção da realidade.

Ao migrar para o paradigma da abundância, de acordo com Dulce Magalhães[17]:

1. Se tem para todos, então posso ser solidária e atender primeiro a quem precisa, abro uma roda de gentileza e troca, e também serei ajudada quando precisar;

2. Se tem para todos, então não é necessário competir, é possível colaborar, cooperar, e isso tem como princípio básico a inclusão;

3. Se tem para todos, então não é preciso acumular, posso compartilhar o que sobra e, com isso, desencadear condições variáveis para indivíduos diferentes, condições para que todos tenham acesso aos recursos existentes.

É muito difícil mudar um modelo mental da escassez para a abundância; sempre falo, como a CNV nos ensina, que precisamos observar sem avaliar e ampliar nossa percepção. O ideal é prestar atenção diariamente nos próprios comportamentos e, se perceber que está agindo pela escassez, alterar imediatamente para a abundância.

---

17   Ibidem.

3.8. A escassez e a abundância

Como expliquei anteriormente, na escassez tendo a querer supervalorizar meus atos para que outros identifiquem em mim o meu valor. Portanto, é comum haver dois comportamentos muito evidentes ao manifestar escassez em meus pensamentos, e observá-los pode ajudar a mudar esse paradigma em si.

O primeiro é o do esforço, que é diferente da tarefa. Depositar uma carga emocional naquilo que faço é quando, ao falar das tarefas, ponho um peso emocional enorme no que fiz e o supervalorizo. Lembre-se de que, na vida, as tarefas são concedidas por suas escolhas. E mais: você as faz porque é capaz de fazê-las. Supervalorizar só incomoda as pessoas que ouvem, mas inconscientemente é uma forma de dizer que tenho valor.

No processo do esforço, eu tendo a aumentar o que fiz, a falar com uma carga emotiva da dificuldade, daquilo que realizei, instaurando uma carga pesada e difícil na tarefa, para que os outros pensem o quanto sou esforçada para realizar aquela tarefa. O esforço tende a denotar que minhas realizações são sempre mais penosas que as dos outros e que carrego uma cruz bem mais pesada do que deveria estar carregando.

O segundo comportamento é o da reclamação: porque não basta fazer, é preciso reclamar para as pessoas saberem que estou fazendo, não é mesmo? É como se acreditasse que, não tendo para todo mundo, preciso me valorizar e reclamar para mostrar que sou supervaliosa. Mas o resultado disso é que me canso com o que falo e produzo muito menos. As pessoas que menos produzem são as que mais reclamam e se tornam chatas e cansativas.

Se você se perceber fazendo isso, mude sua fala para algo mais positivo e leve: essa é a melhor forma de reprogramar seu cérebro para a abundância, até porque a escassez atrapalha demais a comunicação entre as pessoas. Este é um grande desafio: transformar a forma de pensar já tão automatizada. Essa pequena dose de julgar e querer se autovalorizar, e assim julgar os outros e desvalorizar a dor do outro, é parte da construção dos relacionamentos e pode fazer com que todo o processo seja afetado negativamente.

3. O SER E A INTRACOMUNICAÇÃO

Ser capaz de ver a si mesmo de forma amorosa e abundante é um grande começo para também ver o outro da mesma forma. Isso trará relações melhores e mais saudáveis. A questão é simples, mas as consequências afetam todo o sistema: aquilo que penso, mesmo que não seja dito, repercutirá em cada célula do meu corpo e vai se manifestar na comunicação.

Como Dulce Magalhães sempre diz[18], podemos definir a sincronicidade como um verdadeiro diálogo com a realidade. Tudo está acontecendo neste exato instante como resposta a todos os passos, pensamentos e projetos feitos em algum momento anterior. Se estivermos atentos, poderemos perceber essas respostas e nos beneficiar dos claros sinais que a vida nos oferece.

A manifestação consciente da abundância é personificada por alguém que está pleno em sentido, em criatividade, em saúde, e que também potencializa o alcance dos recursos, tais como o dinheiro. A pessoa que está em estado de abundância, tão plena de si, abre esse processo de entrega total e, com isso, de busca por algo maior. É um estado de consciência passível de ser acessado, de acordo com o professor Horácio Frazão, e que mostra que a busca de resolução de problemas não está só ligada à aquisição de bens financeiros, ocorrendo naturalmente num processo invertido.

A carência não é a necessidade de receber, e sim algo que você precisa permitir experimentar como apoio, amor, aceitação, atenção, entre outros aspectos. Ou seja: um estado autorreferenciado, de um ser pleno que se nutre do que o mundo pode entregar a todo momento de forma plena. Só percebo onde me nutrir e só me permito experimentar isso quando estou nesse estado de abundância natural.

A abundância nos remete, inclusive, à inclusão e à empatia, porque amplio meu modelo mental e vejo que há espaço para todos. A conexão está na capacidade de entender que o mundo é tão grandioso que há espaço para todos os tipos de talento.

18   Ibidem.

3.9. A inovação do ser

A inspiração nasce do resgate de valores, da força do servir. A jornada de recuperar o estado de fluxo natural, ou *flow*, criando um envolvimento ativo em algo maior. A vida se torna uma aventura de desafios crescentes e desenvolvimento de novas aprendizagens. A resiliência de propósito ao longo do tempo tornará os hábitos mais coesos, e as contribuições que emergem do meu talento, mais criativas.

É preciso compreender que paradigmas e automatismos me levam a agir de forma sistemática e, com isso, me podam de aflorar a minha essência. Quando mergulho em um processo de autoconhecimento, posso me conhecer mais como atuo por meio de ferramentas reveladoras como o DISC, compreender melhor meus modelos mentais e interpretar minhas ações com maior nível de profundidade.

O processo da inovação de nós mesmos exige mudanças de comportamento e atitudes até que estes se tornem hábitos. Além disso, ter visão de futuro nos ajuda no direcionamento das nossas atitudes.

A inovação do ser constrói um despertar de consciência e percepção do indivíduo ao longo do tempo pelo protagonismo e melhoria contínua. A constante autocomunicação abre portas para inovar-se e trazer o melhor de si ao mundo. A busca do despertar do mais puro de nossa essência, na sua melhor versão!

3.10. Atitudes, hábitos e visão de futuro

É importante entender a diferença entre atitude e ação. A atitude é algo mais profundo que a ação, pois a primeira é que direciona a segunda. A ação é o ato em si, ocorre muitas vezes sem um direcionamento. Existem muitas pessoas que fazem muito e realizam pouco. Na verdade, a ação pode ocorrer por meio de condicionamentos, paradigmas e impulsos decorrentes do desejo, que é algo instintivo e sobre o qual não podemos ter controle.

Já a ação com base em uma atitude está mais direcionada, são os desejos filtrados que se tornam vontades efetivas; quanto mais tenho atitude, mais passo a ter congruência de comportamentos com valores, com direcionamento das ações para um propósito maior. A atitude para buscar saúde leva a uma alimentação mais saudável, a atividades físicas, a evitar refrigerantes ou a comer coisas gordurosas, por exemplo. Quanto mais estiver alinhada com meu propósito de viver, mais força terei para construir uma atitude de não optar pelo que me faz mal.

Também é imprescindível haver clareza do que se quer, aonde se quer chegar, para gerar atitudes adequadas. Como falei anteriormente, a transmutação exige um aumento de consciência, bem como uma atitude para firmeza de propósito. É preciso encarar os hábitos que são barreiras bem desafiadoras.

Hábitos estão muito enraizados e me levam a agir com automatismo, sem que eu pense muito a respeito. Os hábitos surgem para me poupar esforço, assim minha mente pode desacelerar, afinal, um cérebro eficiente me permite não precisar pensar em comportamentos básicos, como andar, comer, escovar os dentes, entre outros, e posso focar a minha energia para coisas mais complexas e relevantes. No livro *O poder do hábito*, Charles Duhigg[19]

---

19 Charles Duhigg, *O poder do hábito*: por que fazemos o que fazemos na vida e nos negócios, Rio de Janeiro, Objetiva, 2012.

cita um artigo publicado por um pesquisador da Duke University, em 2006, que descobriu que mais de 40% das ações que as pessoas realizam todos os dias estão ligadas a hábitos, e não a decisões de fato.

A boa notícia é que hábitos não são inevitáveis e podem ser alterados, de acordo com o autor, que cita um *loop* de três estágios. Primeiro, há uma **deixa**, um estímulo que me leva a entrar no modo automático sobre qual hábito usar. Depois vem a **rotina**, que pode ser física, mental ou emocional. Finalmente, há a **recompensa**, que ajuda o cérebro a saber se vale a pena memorizar esse *loop* específico para o futuro. Na medida em que esse *loop* se repete, o hábito se estabelece, cada vez mais automático.

A verdade desse *loop* do hábito é importante por revelar que, quando um *loop* surge, o cérebro para de participar da tomada de decisão, reduz seu gasto de energia e esforço e desvia o foco para outras coisas.

Para mudar um hábito, é preciso trazer à consciência qual o *loop* que se formou, e então entender que recompensa eu tenho com aquele hábito e buscar fazer outra coisa no lugar, com a qual eu tenha a mesma recompensa.

Vale lembrar que os hábitos, muitas vezes, aparecem sem nossa permissão. Aquilo que eu me permiti uma só vez passa a ocorrer uma vez por mês, depois uma vez por semana, e, sem perceber, já criei um hábito na minha cabeça.

Por isso, ter a consciência sobre aquilo que estou fazendo por automatismo, sem pensar, sem ter uma tomada de decisão mais efetiva, contribui para que eu tenha mais protagonismo na minha vida. Entender quais recompensas estão embutidas nessas ações pode me ajudar a direcionar para ações ligadas aos meus propósitos.

Quando sou capaz de alterar minhas ações nesse nível, tendo consciência dos hábitos que me atrapalham em meus propósitos, com foco e direcionamento, comportamentos mudam, hábitos mudam, e amplio a percepção da minha essência, que passa a ser vista com novo olhar, havendo, portanto, uma transmutação. É quando olho para a Fernanda de antes e não a reconheço mais: a mudança é em nível de essência.

A mudança pode ocorrer independentemente de haver uma situação-limite em minha vida, com os recursos que já tenho. Não são os fatos que determinam as circunstâncias, e sim o meu discernimento e percepção dos fatos. Ou seja, posso impor as circunstâncias e realizar coisas independentemente dos fatores externos.

Machado de Assis é um exemplo nesse sentido, um menino pobre que vivia no morro, cujo pai era analfabeto e cuja mãe morreu muito cedo. Viveu com a madrasta, também analfabeta, e que trabalhava como lavadeira. Não tinha acesso aos estudos, mas tornou-se autodidata e um dos maiores escritores brasileiros, com grande repercussão no mundo todo. Considerado por muitos críticos, estudiosos, escritores e leitores como um dos maiores nomes da literatura no Brasil, se não o maior.

Esse olhar, essa nova visão de mundo, leva à realização das coisas. Afinal, não sou o que realizo, sou a essência que me leva a um propósito, a uma atitude interna que, por consequência, me conduz a agir como ajo.

A boa mudança exige um olhar complexo, que pede uma visão, valores, missão e estratégia, recursos, competência, motivação e *feedback*. Porque mudança sem visão é confusão.

Mudança sem valores é corrupção.

Mudança sem missão e estratégia é difusão.

Mudança sem recursos é frustração.

Mudança sem competência é fadiga.

Mudança sem motivação é lentidão.

Mudança sem *feedback* é dúvida.

Algumas dicas essenciais:

- A mudança exige metas reais e necessárias para que eu tenha o direcionamento efetivo;
- Plasmar os sonhos é tão importante quanto ter organização. Os meus sonhos são o tempero essencial para direcionar meus objetivos;
- Faça pequenas metas inseridas em metas maiores. Comece pelo que é mais fácil, e a sensação de ter menos coisas para fazer vai facilitar na realização em âmbito geral;
- Ter pessoas virtuosas como referência sempre ajuda;
- Aprender com o que se passou em vez de lamentar;
- Depurar o gosto, buscar coisas que de fato agregam na vida;
- Imaginar a vitória e ter foco sempre!

O verdadeiro valor do anel

– Velho mestre, sinto-me tão pouca coisa que não tenho vontade de fazer nada. Dizem-me que não sirvo, que não faço nada bem, que sou torpe e bastante tonto. Como posso melhorar? O que posso fazer para que me valorem mais?

O mestre, sem olhá-lo, lhe disse:

– Desculpe, rapaz. Não posso ajudá-lo, já que devo resolver antes meu próprio problema. Quiçá depois... – E, fazendo uma pausa, completou: – Se você quiser me ajudar, eu poderia resolver esse assunto com mais rapidez e depois talvez possa ajudá-lo.

– Com prazer, mestre – assentiu o jovem, sentindo que, de novo, era desvalorizado e suas necessidades, postergadas.

– Bem – continuou o mestre. Tirou um anel que levava no dedo mindinho da mão esquerda e, entregando-o ao rapaz, disse: – Pegue o cavalo que está aí fora e cavalgue até o mercado. Devo vender este anel para pagar uma dívida. É necessário que obtenha por ele a maior soma possível, e não aceite menos do que uma moeda de ouro. Vá e regresse com essa moeda o mais rápido possível.

O jovem tomou o anel e partiu. Mal chegou ao mercado, começou a oferecer o anel aos mercadores, que olhavam para ele com certo interesse, até o jovem dizer o que pedia por ele.

Quando o rapaz mencionava a moeda de ouro, alguns riam, outros viravam a cara, e somente um idoso foi amável o bastante para lhe explicar que uma moeda de ouro era demasiado valiosa para dar em troca de um anel. Querendo ajudar, alguém lhe ofereceu uma moeda de prata e um recipiente de cobre, mas o jovem tinha instruções de não aceitar menos de uma moeda de ouro e recusou a oferta. Depois de oferecer a joia a todas as pessoas que cruzaram com ele no mercado, no caso mais de cem, e abatido por seu fracasso, montou em seu cavalo e regressou.

3.10. Atitudes, hábitos e visão de futuro

Como o jovem desejara ter uma moeda de ouro para entregar ao mestre e liberá-lo de sua preocupação, para poder receber ao fim seu conselho e ajuda.

Entrou no quarto.

– Mestre, sinto muito. Não é possível conseguir o que me pede. Quiçá houvesse conseguido duas ou três moedas de prata, mas não creio que possa enganar ninguém a respeito do verdadeiro valor do anel.

– Isso que você diz é muito importante, jovem amigo – disse sorridente o mestre. – Devemos conhecer primeiro o verdadeiro valor do anel. Monte de novo no cavalo e vá até o joalheiro. Quem melhor do que ele para sabê-lo? Diga a ele que você deseja vendê-lo e pergunte quanto ele dá pelo anel. Mas não importa o que lhe ofereça, não venda o anel. Volte aqui com ele.

O jovem voltou a cavalgar. O joalheiro examinou o anel à luz do candil, olhou com sua lupa, pesou-o e logo disse ao rapaz: – Diga ao mestre que, se quiser vendê-lo agora mesmo, não posso dar-lhe mais que 58 moedas de ouro por seu anel.

– Cinquenta e oito moedas? – exclamou o jovem.

– Sim – replicou o joalheiro –, sei que, com tempo, poderíamos obter por ele perto de setenta moedas, mas se a venda é urgente...

O jovem correu emocionado à casa do mestre para contar-lhe o sucedido.

– Sente-se – disse o mestre depois de escutá-lo. – Você é como este anel: uma joia, valiosa e única. E, como tal, só pode ser avaliado por um verdadeiro perito. Por que vai pela vida pretendendo que qualquer um descubra seu verdadeiro valor?

E, dizendo isso, voltou a colocar o anel no dedo mindinho de sua mão esquerda.

(Autor desconhecido)

3.11. O processo de inovação do ser

O processo de inovação do ser é um processo de autodesenvolvimento no qual validamos sentimentos e necessidades, olhamos para dentro e entendemos com profundidade o essencial, para cada vez mais irmos além, revendo atitudes, hábitos e comportamentos com resiliência em direção ao que faz sentido. Um processo pelo qual começo a perceber melhor minhas ações e a me comunicar comigo mesma em harmonia com meu propósito, instintos e intuição.

PROCESSO DE INOVAÇÃO DO SER

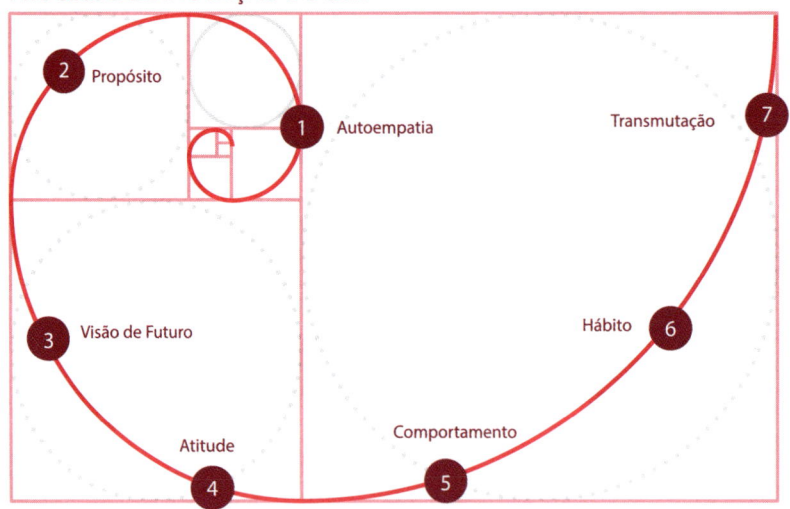

2 Propósito
1 Autoempatia
7 Transmutação
3 Visão de Futuro
6 Hábito
4 Atitude
5 Comportamento

Fase 1: autoempatia

Buscar a autoconsciência emocional por meio da intracomunicação, aprender a se auto-observar, validar sentimentos e necessidades, melhorar o entendimento de como nós nos tratamos, de nossos diálogos internos. É importante identificar quais são os julgamentos internos que persistem no dia a dia, aceitar limites e perceber virtudes. É preciso perceber o que está clamando dentro de nós mesmos para expressar e entregar ao mundo.

> **Reflexões:**
>
> O que é mais importante e prioritário emocionalmente?
>
> O que é mais importante e prioritário racionalmente?
>
> Quais são minhas necessidades?
>
> O que realmente me faz feliz?
>
> Qual meu talento e vocação?

Fase 2: propósito

Razão de ser ou *ikigai*. O propósito se revela e emerge a cada autodescoberta. Conforme expando a percepção, meus sonhos viram metas. As revelações de uma vida com propósito trarão cada vez mais clareza no discernimento do que fazer e por que fazer.

> **Reflexões:**
>
> Quais são minha essência e meu legado?
>
> Por que faço o que faço?
>
> Qual é o significado intrínseco no que entrego ao mundo?

Fase 3: visão de futuro

Ter a visão de um futuro a ser alcançado envolve a escolha de comprometimento de construção de uma realidade a partir da atual, que precisa ser articulada com clareza e honestidade, de modo a enxergar além da subjetividade da percepção. Nesse momento de geração, são traçados a direção e o que almejo, mas o como ainda é visto de forma macro. As virtudes trarão base para criar a estratégia de como fazer.

> **Reflexões:**
>
> Com senso de propósito, aonde quero chegar?
>
> Quais são as motivações intrínsecas e extrínsecas para a construção dessa realidade desejada?
>
> Quais são os benefícios dessa realidade desejada?

Fase 4: atitude

Entendo atitude como uma predisposição interna antes da execução da ação, orquestrada por crenças e modelos mentais que influenciam meus paradigmas, emoções e reações. O sentido e o significado em direção ao destino pretendido balizarão os pensamentos e sentimentos que moldarão a execução das ações. Preciso primeiro tornar conscientes crenças e modelos mentais para eleger o que deve ser mudado, o que conflita com a visão de realidade com que decido contribuir na edificação. A congruência entre a escolha da direção e o significado com o que acredito tende a me sintonizar em estado de fluxo. Quando em *flow*, há uma imersão da ação, uma conexão entre pensar e agir, uma sensação de me sentir completa gerando uma natural concentração e equilíbrio da dualidade.

> **Reflexões:**
>
> Quais mudanças relativamente acessíveis poderiam ser tomadas para melhorar o meu estado de fluxo?
>
> Quais crenças reforçam justificativas, racionalizações ou limitações?
>
> Quais crenças promovem expansão, crescimento ou liberdade?
>
> Que modelos mentais e valores serão necessários para sustentar essa visão de futuro?

Fase 5: comportamento

Minha percepção de realidade e postura interna, do que penso e sinto, interfere diretamente em meu comportamento, que influencia na minha contribuição nos resultados observáveis. É o momento de decidir quais comportamentos devem ser mantidos e quais devem ser descartados. A forma de agir será revista e ajustada conforme o cenário da realidade, mas o que fará um comportamento se tornar tão efetivo a ponto de virar um hábito é a resiliência de propósito.

> **Reflexões:**
>
> Quais influências internas interferem no meu comportamento?
>
> Quais influências externas influenciam no meu comportamento?
>
> Quais novos comportamentos devem existir para contribuir para minha visão de futuro?

Fase 6: hábitos

A neuroplasticidade cerebral, ou seja, minha flexibilidade cognitiva, permite que, quanto mais eu pratico uma ação, mais essa experiência se conecta comigo. Enquanto o comportamento não se tornar um padrão, um esforço maior será exigido. Nesta fase, é importante mapear as rotinas presentes: os gatilhos emocionais que me movem e perceber as recompensas-alvo dos verdadeiros desejos. Dessa forma, é possível planejar novas rotinas mais aderentes ao que realmente quero e iniciar a mudança de forma gradual. Não nego ou evito recompensas, apenas as substituo. Assim que traçar um novo hábito como meta, é preciso estar claro por que esse hábito está sendo desenvolvido e analisar se a recompensa está em harmonia com os outros hábitos já adquiridos.

Reflexões:

O que na minha rotina atual me causa desconforto ou sofrimento? Por quê?

Quais hábitos devem ser trabalhados ao longo do tempo que não são mais congruentes com o objetivo traçado?

Qual a real necessidade por trás da recompensa que desencadeia o hábito indesejado? Que novo hábito poderia ser trabalhado para atender à real necessidade?

Se o hábito desejado não funciona, que nova deixa poderia ser experimentada ou que nova recompensa poderia ser trocada?

Quais hábitos na minha rotina estão conflitando com as metas traçadas na minha visão?

Fase 7: transmutação

Transformação vem do latim *transformare*, que significa "mudar de forma". Trasmutação, do latim *transmutationem*, de *mutare*, que quer dizer mudar em essência, de dentro para fora. Uma transmutação individual é um processo de mudança empírica, revelado entre disciplina e aprendizado, entre sucessos e fracassos. Ocorre depois de uma caminhada de autodesenvolvimento, provações e experiências. Olho para trás e percebo o quanto mudei, o quanto não me identifico mais com hábitos, gostos, desejos ou paradigmas que não têm mais conexão com o presente. Entre conquistas e revelações internas, preencho de real motivação e esperança a construção da minha melhor versão.

> **Reflexões:**
>
> O que costumo dizer "eu sempre me comportei assim, não tem jeito" e gostaria de transmutar?
>
> Qual foi a mudança de percepção que realmente fez a diferença no processo?
>
> Que comportamentos estão incongruentes com minhas ideologias?

4. A CONEXÃO E A INTERCOMUNICAÇÃO

Tudo comunica, não apenas minha fala, mas também meus comportamentos e atitudes. Lidar com o outro exige autoconhecimento e autopercepção para entender o que passo ao mundo por meio de meus mecanismos internos. A seguir, vem outro desafio, que é entender o processo da troca, e para isso existem vários aspectos importantes.

Entre aquilo que falo e o que o outro compreende há uma ponte enorme, até porque a comunicação tem muito mais a ver com a interpretação dos fatos do que com o que foi dito. Quando a outra pessoa fala comigo, geralmente interpreto de acordo com os meus sentimentos por essa pessoa, ou de acordo com o que penso sobre ela, ou até mesmo de acordo com o que estou predisposta a acreditar.

O psicólogo americano Edward Thorndike criou o termo "efeito halo", que é a tendência de previamente julgar uma pessoa a partir de uma única característica para, então, generalizarmos outras, não necessariamente verdadeiras. Ou seja, uma primeira impressão que tive de uma pessoa pode generalizar a minha impressão de todos os seus comportamentos. Se tenho uma primeira impressão negativa de alguém, a minha tendência é que tudo o que a pessoa faça seja negativo, assim como se tenho uma primeira impressão positiva, a minha tendência é de achar que todos os comportamentos dessa pessoa são positivos. Para Thorndike, o cérebro humano julga, analisa e tira conclusões de uma pessoa a partir de uma única característica, e formula um estereótipo global do indivíduo com esse único fator, como aparência, vestimenta, postura, fala etc.

O efeito halo, inclusive, nos mostra que essa tendência se dá também com lugares. Por exemplo: se entro em um local e tenho uma primeira boa impressão, a tendência é que eu goste das outras coisas com que vou me deparar ali. Portanto, o efeito halo pode causar influência, pois, para algumas pessoas, já há uma predisposição a não aceitar suas opiniões ou seus comportamentos. A comunicação exige um processo de amadurecimento muito grande para olhar além do que meus julgamentos estão impondo. Comunicar não é fácil e, por isso mesmo, é um desafio nas relações humanas. Uma curiosidade sobre a comunicação é que nossa linguagem corporal não mente e, muitas vezes, entra em contradição com a nossa fala.

Paul Ekman[20], um psicólogo americano que tem sido pioneiro no estudo das microexpressões faciais, considerado um dos cem mais notáveis psicólogos do século XX, trabalhou com casos clínicos em que os pacientes mentiam sobre seu estado emocional. Ele estudou pacientes que alegaram não estar deprimidos e que, mais tarde, cometeram suicídio. Ao examinar os filmes dos pacientes em câmera lenta, Ekman, juntamente com Wally Friesen, professor adjunto da Universidade da Califórnia, identificou microexpressões faciais que revelaram fortes sentimentos negativos que eles tentavam esconder.

Aliás, uma curiosidade interessante é o estudo das (sobre) microexpressões faciais: uma expressão facial involuntária do ser humano pode ser reveladora. O não verbal expressa muito o tempo inteiro. Esse não é o foco deste livro, por isso não entrarei em todos os detalhes das microexpressões faciais e da leitura corporal. Mas é importante ressaltar que nosso corpo expressa o tempo todo os nossos sentimentos.

Há expressões involuntárias às quais podemos prestar atenção. Eu, por exemplo, falo sorrindo o tempo inteiro e tenho de tomar muito cuidado quando estou falando de algo triste ou ouvindo de alguém uma notícia triste, pois inevitavelmente posso falar sorrindo, o que não é nada adequado.

Tenho uma amiga que, por muito tempo, ficava forçando a vista para ver as coisas e as pessoas. Agora ela usa óculos, mas passou a adotar um tique

---

20   Paul Ekman, *A linguagem das emoções*, São Paulo, Lua de Papel, 2003.

de apertar o olho o tempo todo. A leitura de quem está conversando com ela é de que ela está achando o papo absurdo ou sem noção, quando na verdade é só uma mania.

O tom de voz também comunica muito, há, inclusive, experimentos com nenês aos quais os adultos gritam coisas como "amo você", "você é muito importante para mim", e as crianças choram; ao passo que, quando falam com amorosidade coisas do tipo "odeio você", "você é feia", elas sorriem.

A voz é um elemento de linguagem, é a produção de sons que o ser humano faz por meio das cordas vocais. Podemos dar significados na nossa comunicação com a nossa voz e revelar nossos pensamentos e sentimentos, muito mais que palavras. Vale lembrar que a voz é controlada pela própria audição, e o indivíduo determina a intensidade, a altura, o timbre e a duração da voz. Se eu falo em um lugar barulhento, a tendência é de falar mais alto, por exemplo.

Existem vários pontos muito complexos na comunicação, pois a nossa tendência é invadir o espaço do outro: geralmente falamos sobre o nosso ponto de vista, de acordo com as nossas experiências, e ignoramos as experiências alheias. Abrir-se para realidades diferentes da nossa é uma necessidade latente e pouco praticada em nosso dia a dia, infelizmente. É como se o mundo em que vivo fosse um único modelo em que todos se enquadram.

Reconhecer a presença do outro e dar espaço para ele permite evolução nessa experiência compartilhada; apaziguar, evitar suposições e de fato entender pensamentos divergentes é uma maneira de integrar as partes e quebrar muros. Como diz Claudio Thebas, especialista na escuta ativa, criador do canal que leva seu nome, palhaço e palestrante, quebrar os muros internos permite que o outro habite em você em sua grandiosidade.

4. A CONEXÃO E A INTERCOMUNICAÇÃO

Melhorar a comunicação é melhorar o mundo em que vivemos. Afinal, toda comunicação tem falhas, e a linguagem é a maneira pela qual percebemos o mundo. Mas o mais grave, na minha opinião, é que vivemos iludidos, achando que a comunicação ocorreu, quando na verdade não se deu como deveria.

Além disso, há a questão do contexto no qual ocorre a comunicação. O momento em que a pessoa se encontra, em quais estado emocional e situação, ou até mesmo que realidade está vivenciando.

Enfim, a comunicação tem muitos desafios e vieses, por isso, a melhor maneira de minimizar todas essas barreiras é resgatando a conexão por meio da empatia.

4.1. A empatia na intercomunicação

A empatia tem o poder de promover mudanças sociais profundas, revolucionando as relações humanas. É a arte de se pôr no lugar do outro por meio da imaginação, compreendendo seus sentimentos e perspectivas e usando essa compreensão para guiar as próprias ações. Ela é distinta da compaixão, da piedade, pois estas não envolvem a tentativa de compreender as emoções ou o ponto de vista da outra pessoa.

Empatia não é fazer pelo outro o que eu gostaria que fizessem por mim, porque não necessariamente para o outro isso seria o ideal. Nossos interesses, crenças e formas de ver o mundo são completamente diferentes. Na verdade, pôr-se no lugar no outro é impossível justamente por conta disso. O que posso é compreender o que levou o outro a pensar e agir sob suas perspectivas, suas emoções.

Um exemplo interessante disso, capaz de revolucionar o mundo, citado por Roman Krznaric em seu livro *O poder da empatia*[21], é de Patricia

---

21   Krznaric, op. cit.

Moore, uma designer de 26 anos de Manhattan que, durante uma reunião de planejamento para um novo modelo de geladeira, propôs que fosse projetado um cuja porta pudesse ser aberta com facilidade por uma pessoa com artrite. O interessante é que, quando ela propôs isso, um colega respondeu que os projetos não eram direcionados para esse público. Ela ficou furiosa e decidiu experimentar como era ser uma mulher de 85 anos. Ela disse: "Eu não queria ser apenas uma atriz fingindo ser uma pessoa idosa", e ainda "Queria uma verdadeira imersão da personagem, uma personagem empática, por meio da qual eu pudesse realmente me pôr na pele de outra pessoa". Ela se transformou, recorrendo à maquiagem profissional, óculos que borravam a visão; obstruiu os ouvidos de modo a não poder ouvir bem, colocou suspensórios e enrolou bandagens em volta do torso para ficar encurvada, prendeu nos braços e pernas talas que a impediam de flexionar seus membros, e arrematou o disfarce com sapatos desiguais que a obrigavam a um andar trôpego e precisar de uma bengala.

Entre 1979 e 1982, Moore visitou mais de cem cidades da América do Norte encarnando seu personagem e, em sua experiência, percebeu as dificuldades de andar pelas ruas, de subir e descer escadas em metrôs, viajar em ônibus lotados ou empurrar portas de lojas de departamento, entre outras.

O resultado disso é que ela projetou uma série de produtos inovadores para pessoas idosas, inclusive para as que tinham artrite. Uma de suas invenções foi uma linha de descascadores de batatas e outros utensílios de cozinha com grossos cabos de borracha, que agora podemos encontrar na maioria das casas. Ela é considerada a fundadora do design "inclusivo" ou "universal", pelo qual produtos são projetados para pessoas com deficiências, dos 5 aos 95 anos.

Roman Krznaric cita também os seis hábitos das pessoas extremamente empáticas:

- Acionamento do cérebro empático: a empatia está na natureza humana, e é preciso acessar essa nossa capacidade e treinar constantemente.
- Esforço para se pôr no lugar do outro, de modo a compreender suas perspectivas, seu mundo, suas crenças e sua realidade, ainda que seja do seu inimigo, reconhecendo sua humanidade e individualidade.
- Exploração de vidas e culturas diferentes por meio de imersões diretas, viagem empática e cooperação social sem julgamentos.
- Busca para entender pessoas que, para nós, são diferentes, por meio de conversas.
- Contato com arte, literatura, cinema e redes sociais na internet permite que nos transportemos para a mente de outras pessoas.
- Geração de empatia para promover mudança social e entender nossas habilidades empáticas para abraçar a natureza.

Patricia Moore diz que "a empatia é uma consciência constante do fato de que nossos interesses não são os interesses de todo mundo e de que nossas necessidades não são as necessidades de todo mundo, e que algumas concessões devem ser feitas a cada momento".

Mahatma Gandhi[22] declarou:

> *Sempre que estiver em dúvida, ou quando seu ego pesar demais em você, aplique o seguinte teste. Lembre-se do rosto do homem mais pobre e mais fraco que possa ter visto e pergunte a si mesmo se o passo que está pensando em dar será de alguma utilidade para ele. Ganhará ele alguma coisa com isso? Isso lhe devolverá algum controle sobre sua vida e seu destino? Em outras palavras, isso conduzirá a swaraj (liberdade) para os milhões de famintos e espiritualmente carentes? Você verá suas dúvidas e seu ego desaparecerem.*

---

22   Mahatma Gandhi apud Krznaric, op. cit., p. 21.

Isso mostra como a empatia é importante e nos leva a reconhecer que é uma poderosa ferramenta para uma mudança social e para gerar significado em nossas vidas.

Há um famoso estudo de C. Daniel Batson[23] no qual ele pede a dois grupos de estudantes que ouçam uma gravação de uma moça que sofria pela morte recente dos pais num trágico acidente de carro. O primeiro grupo recebeu a instrução de ouvir objetivamente os fatos na gravação, ao passo que ao segundo foi solicitado imaginar as experiências e os sentimentos da mulher envolvida. Mostrou-se que o segundo grupo teve relatados níveis mais elevados de empatia que o primeiro. Além disso, quando solicitados em seguida a ajudá-la a levantar fundos para cuidar da irmã e do irmão mais novos que haviam sobrevivido, membros do segundo grupo fizeram doações muito mais generosas.

A empatia pode ser praticada, afinal, nós nos tornamos melhores naquilo que praticamos.

Fato é que muitos enxergam a comunicação como uma maneira de obter o que quer, de atender às próprias necessidades emocionais, ou então controlar e manipular os outros. É por isso que pessoas extremamente empáticas levam uma atitude de preocupação com o outro para as conversações e se esforçam para se concentrar nos interesses e no bem-estar dele, não apenas nos próprios.

Empatia tem muito a ver com compreensão e não com caridade. Ser empático é ser capaz de perceber que, no mundo, as pessoas são diferentes e que eu não sou o centro do universo, que meus gostos e meus valores não são únicos, e que existem outras perspectivas e formas de encarar a vida.

---

23 Krznaric, op. cit., p. 21.

4.2. Os vilões e os bloqueios da empatia

Existem alguns vilões da empatia, ou alguns atos que me levam a crer que estou sendo empática, quando na verdade não estou. O primeiro é quando quero dar conselhos: a sensação que se pode passar ao outro, muitas vezes, é que eu sei mais do que ele, ou, se não se gerar essa sensação, no mínimo são conselhos que para mim seriam ótimos, mas quem disse que se aplicam para o outro? Não temos os mesmos valores e experiência de vida do outro. Para mim, ficar em silêncio meditando em um lugar calmo olhando para o mar é incrível e me traz paz, já para um adolescente isso seria talvez tedioso.

Um outro grande vilão é que, em vez de me conectar com o outro, ouvi-lo atentamente e dar-lhe suporte quando ele revela uma experiência negativa, logo lhe conto algo tão ruim quanto. É como se nosso inconsciente quisesse competir para ver quem ganha mais atenção e quem está mais ferrado na vida.

Um terceiro sabotador da empatia é quando faço o outro se sentir culpado pelo próprio sofrimento com perguntas do tipo: "Mas você não sabia? Quem mandou fazer isso?". A pessoa sabe que errou e, naquele momento, apontar o dedo só vai piorar as coisas. Ainda que a pessoa não tenha consciência de seu erro, não será essa a melhor forma de ajudá-la.

Um quarto sabotador é a pressa, a ansiedade em falar algo. Não deixo a pessoa finalizar e já vou dando uma solução rápida e prática. Já corto com uma intervenção do tipo: "Isso é besteira, vai passar!" ou "Ah, logo tudo se ajeita, tome uma cerveja e esqueça isso!". Acontece que nem tudo é assim tão simples.

Um quinto vilão é quando interrompemos a pessoa para corrigir o que ela está falando, como se a nossa preocupação fosse mais em apurar cada detalhe do relato do que propriamente se conectar com a outra pessoa.

E, por fim, quando, em vez de procurar entender a situação, jogo a culpa para a pessoa. Na verdade, não é hora de apontar culpados, mas de se conectar para resolver a situação.

Ter empatia é deixar a pessoa desabafar, dizer tudo que realmente está sentindo e procurar ouvir com o máximo de atenção. Só o fato de compreender o que levou a pessoa a agir como agiu ou entender o porquê de aquilo lhe ser tão penoso já resulta num conforto enorme a ela. Fazer perguntas pode ser empático, pois permite que a pessoa pense em alternativas para seu problema. Mas e se não concordo com o que o outro fez? Compreensão não quer dizer estar de acordo.

Lembrando que demonstrar empatia é reconhecer, não é concordar. Quando reconhecemos o sentimento, o desejo, a necessidade de uma pessoa, não estamos automaticamente dizendo que podemos resolver o problema dela, mas apenas compreendendo a intenção positiva daquele comportamento.

Estou abrindo espaço para o diálogo pacífico, porque demonstro que entendo como é estar no lugar dela. É aí que as chances de a pessoa também entender o nosso lado aumentam muito, mesmo que não consigamos ajudá-la.

Um bom exemplo disso é a busca por culpados quando há erros ou conflitos: a cultura da punição em vez da cultura da solução. Isso gera vários outros problemas.

Como se houvesse o certo e o errado, o bom e o mal. O foco está em resolver a situação por meio do diálogo pacífico, e não de uma luta de egos. Nesse momento, preciso enxergar além da pessoa certa e da pessoa errada. Existe uma situação complexa em que percepções diferentes entram em conflito. Acusar e culpar alguém não vai ajudar no diálogo e na solução dos problemas. A ideia é que todo mundo consiga se entender e encontrar uma solução. A seguir, uma história real que exemplifica muito bem isso.

O ex-piloto Emerson Fittipaldi quase morreu uma vez porque alguém da sua equipe se esqueceu de abastecer o seu avião. No meio do voo, a gasolina começou a acabar; a sorte foi que ele conseguiu aterrissar e não se machucou muito. Ele fez, então, uma reunião com a equipe e perguntou: "Quem foi que se esqueceu de abastecer o meu avião?". Um funcionário se manifestou. Fittipaldi olhou para ele e disse: "A partir de hoje, você é a única pessoa que vai abastecer meu avião. Porque tenho certeza de que você nunca mais vai esquecer".

O fato de eu ter empatia, compreender o outro, não quer dizer que concorde sempre com os comportamentos e atitudes do outro. Por isso, a comunicação é tão importante!

Além dos vilões, existem alguns fatores que bloqueiam a empatia, de acordo com Roman Krznaric. São eles: preconceito, autoridade, distância e negação.

Preconceito – a maioria de nós tem pressupostos e preconceitos sobre outras pessoas baseados no que acreditamos e filtramos no mundo. É muito comum criar estereótipos e julgamentos a partir de nossa visão de mundo e sob nosso prisma de realidade. Estereótipos levam a generalização e isso tira a capacidade de nos conectar com o indivíduo, com sua realidade e suas próprias circunstâncias.

Autoridade – há uma tendência de seguirmos as autoridades, sem muito senso crítico. Acreditamos que se uma autoridade num assunto fala a respeito, aquilo tende a ser aceito sem muito questionamento. Muitas pessoas justificam seus comportamentos baseadas no que autoridades "mandaram fazer" e, com isso, de alguma forma tiram de si a responsabilidade do que foi feito, ainda que sejam atos de baixa empatia. Isso ocorre muito dentro das organizações.

Distância – a distância espacial continua sendo uma barreira muito grande na empatia. As redes sociais podem até nos conectar de alguma forma, mas não com muita profundidade. Incidentes que

4.2. Os vilões e os bloqueios da empatia

ocorrem a uma longa distância tendem a ser esquecidos facilmente. Pode ocorrer um terremoto na China ou em outro lugar do mundo, que assisto na TV ou vejo na internet; fico abalada no momento, mas logo sigo com minhas coisas sem que isso me afete. Isso ocorre também quando envolve pessoas distantes de nós. A distância social é igualmente uma barreira à conexão empática. Podemos ter propensão a empatizar com pessoas que se assemelham socialmente a nós de alguma maneira, tendo o mesmo grau de instrução, a mesma raça ou religião. Existe também a distância temporal, ou seja, há uma tendência de nos preocuparmos com o bem-estar de nossos filhos e netos, mas os laços começam a se enfraquecer com relação aos bisnetos, e tornam-se quase completamente ausentes quando consideramos as perspectivas para pessoas que viverão daqui a cem anos e com quem não somos aparentados.

Negação – de acordo com o autor, sofremos a "fadiga da compaixão" ou "fadiga da empatia", um estado de exaustão psicológica produzido pela avalanche de reportagens e imagens deprimentes vindas de todos os cantos do planeta. O sociólogo Stanley Cohen, em seu livro *States of Denial*[24], afirma que somos produtos de uma "cultura de negação" que permite à maior parte de nós ter conhecimento das atrocidades e do sofrimento, e, no entanto, também bloqueá-los e não agir, "fazendo vista grossa".

É preciso lembrar que nossas interpretações não são a verdade absoluta, e que agimos de acordo com a nossa interpretação. Os rótulos são criados e bloqueiam a conexão. Isso são prisões imaginárias, afinal, somos mais complexos que os rótulos que nos dão, não é mesmo?

---

24   Stanley Cohen, *States of Denial*: Knowing about Atrocities and Suffering, Cambridge, Polity Press, 2001.

4.3. O contexto na comunicação eficaz

O contexto no qual a conversa está inserida altera completamente o sentido da comunicação, aliás, é comum que seja usada a mesma conversa em contextos diferentes com a ilusão de se conseguir um resultado parecido. É preciso ter muito cuidado ao estabelecer uma comunicação empática, pensar sempre em quem está participando da conversa. Quais são os interesses dessa pessoa? Qual sua linguagem comum? Que tipo de escolaridade essa pessoa possui? Qual sua idade? Como ela vê o mundo?

Dependendo do grau emocional que temos com a outra pessoa, as conversas também fluem de forma diferente, conforme o já mencionado efeito halo, ou até mesmo por sentimentos envolvidos. Pessoas que nutrem sentimentos entre si, por um lado, têm mais tolerância aos conflitos, por outro tendem a se magoar com mais facilidade, já que podem interpretar as falas de forma tendenciosa.

Na verdade, se não gosto de uma pessoa, a tendência é que eu não ouça com atenção o que ela me fala ou que eu discorde de tudo o que ela diz. O componente afetivo interfere muito na compreensão da comunicação. Quando falo com uma pessoa com quem não tenho nenhum laço emocional positivo ou negativo, ainda assim posso ser influenciada pelo que já ouvi falar dela. Dependendo desses fatores, a interpretação daquilo que é falado pode ser completamente mudada e distorcida. O grande desafio na comunicação é justamente porque o resultado dela tem muito mais a ver com a interpretação do outro do que de fato foi falado.

Outro fator que interfere muito é quanto ao momento em que a mensagem está sendo passada. Imagine que você faz uma piada para animar um ambiente no qual uma das pessoas presentes acabou de ter uma grande perda. Ou, o que é muito comum, quando se quer respostas rápidas em circunstâncias em que a pessoa designada a dá-las está ocupada com alguma atividade de extrema importância para ela.

Às vezes, tenho a sensação de que um assunto delicado vai gerar algum estresse com a pessoa com quem estou falando e, para minha surpresa, a reação é bem tranquila; em outras, ocorre o contrário. Geralmente, o contexto no qual se fala sobre determinado assunto faz toda a diferença. Falar de um assunto delicado requer um local apropriado, que seja feito pessoalmente e em um momento em que o interlocutor vá estar aparentemente mais tranquilo, por exemplo.

Isso remete a mais um ponto importante quanto a contexto, que é o assunto a ser tratado. Dependendo do assunto, precisamos criar uma atmosfera mais cuidadosa. Por isso, levar em conta se a conversa será presencial ou a distância também vai interferir no contexto.

O assunto também mostra o nível de engajamento provável que terei na comunicação. Falar de temas que estão muito fora da realidade da pessoa pode levá-la à dispersão e a pouca capacidade de conexão. Quando o assunto parece ao outro incompreensível ou inacessível, gera uma sensação de impotência que culmina em não se querer gerar conexão.

Esse cuidado com o contexto é um processo empático, já que entendemos que a outra pessoa pode estar em circunstâncias completamente diferentes das minhas. Contextualizar os assuntos, explicar a que se referem, trazer a pessoa para a mesma linha de raciocínio que a minha, também pode ajudar para uma compreensão mais natural.

O contexto pode alterar, inclusive, o juízo de valores. Três psicólogos israelenses, Shai Danzigera, Jonathan Levavb e Liora Avnaim-Pesso[25], acompanharam o trabalho de oito juízes em Israel. Todos trabalhavam em um tribunal ligado às quatro maiores prisões do país. Participaram de 1.112 julgamentos envolvendo crimes de assassinato, roubo, assalto, peculato, entre outros. A grande maioria dos acusados era formada por israelenses,

---

25 Samy Dana, Qual a chance de ser condenado se o juiz estiver com fome?, G1, 28 out. 2018. Disponível em: <https://g1.globo.com/economia/educacao-financeira/blog/samy-dana/post/2018/10/28/qual-a-chance-de-ser-condenado-se-o-juiz-estiver-com-fome.ghtml>. Acesso em: 29 ago. 2019.

4. A CONEXÃO E A INTERCOMUNICAÇÃO

com uma pequena parcela de israelenses árabes, o que tirava a suspeita de haver algum viés de etnia.

Os julgamentos começavam antes das 9 horas, com um intervalo de uma hora para o almoço e mais uma parada de 40 minutos para um lanche no meio da tarde. Foram 50 dias acompanhando essa rotina, registrando as sentenças antes e depois de os juízes comerem.

A conclusão a que chegaram é que os juízes tendiam a ser mais benevolentes quando estavam em horários pós-refeições. Saciados e sem fome, 65% das vezes ficavam a favor dos réus. Nas horas em que já estavam muito tempo sem comer, ou que pudessem estar mais cansados, as sentenças negativas começavam a dominar. Perto da hora do almoço e também no fim do dia, a chance de um resultado favorável em um julgamento era quase zero.

Os psicólogos acreditam que a tendência se deve ao consumo de glicose, carboidrato que fornece quantidade de energia e está ligado à melhora do humor. Esse não é um experimento 100% confiável, já que os próprios psicólogos sugerem que variáveis como pausas para um café talvez fossem suficientes, mas dá fortes indícios de que as circunstâncias podem afetar o humor e, com isso, o juízo de valor.

Dependendo da circunstância na qual eu me encontre, aquilo que estou comunicando terá um efeito completamente diferente. É preciso sensibilidade para entender que, da mesma forma que vejo um mundo diferente das outras pessoas, vivo situações completamente diferentes, em realidades diferentes e circunstâncias diferentes.

Entender que o que vejo e vivo não é a mesma realidade do outro é um fator de extrema importância na comunicação!

4.4. O desafio da compreensão

A compreensão é um dos maiores desafios, ainda mais hoje em dia, com tantos estímulos simultâneos. Compreensão que significa pôr juntos todos os elementos de uma explicação, considerar todos os elementos e não apenas um. O sociológico e filósofo Edgar Morin acredita que a compreensão deveria ser parte dos programas educacionais nas escolas, junto com matemática e história. A incompreensão é a porta de entrada para desavenças e desentendimento no mundo.

Não basta a informação, é preciso que essas informações sejam processadas para que possamos saber como aplicar o conhecimento. Além disso, nem tudo o que é dito é compreendido, pois nem todos estão abertos à escuta ou a pontos de vista diferentes.

Palavras têm histórias e valores; muitas vezes, ao usar uma palavra, posso atrapalhar uma comunicação, principalmente em um mundo no qual as pessoas se agrupam em tribos e se fecham em coletividades com pensamentos similares. A compreensão está muito atrelada à nossa capacidade de se abrir para um mundo diferente daquele que acreditamos e que percebemos. Um mundo no qual as pessoas tendem a se conectar com muitas coisas ao mesmo tempo, na verdade, perde a conexão de qualidade.

O egocentrismo, de certa forma, também nos dificulta nessa jornada, já que aquilo que não é do meu interesse e da minha realidade passa a não ser interessante para mim. Enquanto que, na verdade, quando me concentro no mundo do outro, posso ampliar o meu e, com isso, enriquecer minhas possibilidades de experiências.

De alguma forma, como o mundo do outro não é minha realidade, parto do pressuposto de que posso me basear unicamente naquilo que vejo e conheço. Aliás, quem nunca ouviu a famosa frase: "Só acredito vendo"? Isso nos leva a compreender o mundo com um único ponto de vista e até mesmo a tomar decisões, especialmente as mais rápidas, sobre as quais não temos muito tempo para refletir.

Daniel Kahneman, em seu livro *Rápido e devagar*[26], fala sobre as duas possibilidades de processamento do nosso cérebro, das quais um sistema é rápido, instintivo e de reflexo, aquele pelo qual reagimos a estímulos sobre os quais não podemos pensar muito antes da ação, como quando você está dirigindo e rapidamente consegue desviar a direção de um acidente.

Já o outro sistema é mais reflexivo, lento e analítico. É quando tomamos decisões mais importantes, quando precisamos fazer escolhas de forma consciente. Um mundo que nos pressiona à agilidade constante nos leva a usar mais o primeiro sistema do que deveríamos. O problema disso é que há decisões que teriam de ser processadas pelo segundo sistema, mas, ainda assim, pela pressão que o mundo cotidiano nos faz, usamos o primeiro sistema.

O risco disso é que passamos a criar associações infundadas, pela falta de profundidade do pensamento. Por exemplo: se vemos uma notícia sobre escolas e logo depois sobre uma falha no sistema de educação de um local específico, logo associamos que todas as escolas estão com o mesmo problema. Isso dá margem a mais julgamentos e mais generalizações. Afinal, o mote do primeiro sistema é que o que existe é o que vemos. E, sabemos, isso não é uma verdade absoluta, afinal, as mensagens completas exigem muito mais atenção, profundidade e o desenvolvimento da escuta sensível.

4.5. A escuta sensível

A escuta sensível é mais que ativa, é estar sensível a ouvir e sentir dentro da perspectiva do outro. Isso é ainda bem mais difícil, porque, em geral, as pessoas só prestam atenção àquilo que realmente lhes interessam.

---

26 Daniel Kahneman, *Rápido e devagar*: duas formas de pensar, Rio de Janeiro, Objetiva, 2012.

4.5. A escuta sensível

Dependendo do dia, do momento, da forma como conto, a pessoa tende a prestar atenção só em alguns pontos que, para ela, em sua interpretação de vida, são de fato importantes. Acontece que alguns pontos sem o contexto geral do que foi falado geram uma distorção significativa na comunicação.

A sensibilidade na escuta permite, a meu ver, que a empatia ocorra mais naturalmente. É quando me abro para entender o que de fato é importante sob um ponto de vista diferente do meu.

É certo que a capacidade de ouvir parece ser um dom natural, basta melhorar a minha capacidade de sintonia com as pessoas. Ouvir exige que eu sintonize meus sentimentos, deixe o outro expressar sua opinião e permita que a conversa siga um curso acordado mutuamente. Quando os dois escutam, há um diálogo recíproco no qual cada um ajusta o que diz de acordo com o que o outro responde e sente.

Porém, existem alguns pontos que dificultam a escuta:

- Ouvir já formulando o que vou falar. Quando faço isso, perco a conexão e a atenção genuína, e minha preocupação maior está no que vou falar e não no que estou escutando. De certa forma, isso ocorre porque estou moldada por uma sociedade que me ensina a impor opiniões. Uma ideia nova ou uma nova forma de fazer me obriga a sair de minha zona de conforto.

- Acreditar que, se alguém está discordando de mim, é porque está desqualificando a minha forma de pensar. Como se existisse apenas uma forma certa. Esse tipo de crença alimenta um ego que quer sempre estar certo e pouco se abre a novas possibilidades.

- Acreditar que ouvir opiniões diferentes, de alguma forma, mostra que não sou capaz de agir por conta própria. Quantas vezes ouvimos frases deste tipo: "Siga sua própria opinião e não se deixe levar pelos outros"? A bem da verdade, seguir meus próprios passos é de fato importante, só que ouvir outras possibilidades pode me ajudar nesse caminho.

4. A CONEXÃO E A INTERCOMUNICAÇÃO

- Falta de paciência para permitir que o outro complete seu raciocínio ou falta de tolerância nas formas diferentes de diálogo. É muito comum que ocorram cortes na fala, ou até mesmo uma tentativa de finalizar o raciocínio do outro. Isso é de fato desrespeitoso e não gera conexão com a pessoa, que logo começa a sentir-se desvalorizada.
- Estar com os pensamentos voltados aos meus problemas ou nas coisas que preciso fazer, em vez de prestar atenção no que o outro fala.
- Ter uma predisposição a achar que o que o outro diz é bobagem.
- Estar com a atenção ameaçada em multitarefas, já que diluímos nosso foco de atenção.

A escuta exige treino, para que eu possa de fato sair do meu mundo e me abrir para a outra pessoa. Não é fácil, mas é simples, bastam disposição e interesse. Saber ouvir maximiza a sincronia psicológica, permitindo que as emoções se alinhem.

Daniel Goleman[27] diz que ouvir com cuidado, com atenção total, orienta nossos circuitos neurais para a conectividade, pondo-nos no mesmo comprimento de onda. Isso aumenta a probabilidade de florescimento dos outros ingredientes essenciais para a relação – sincronia e sentimentos positivos.

Para a inovação, esse é um pré-requisito. É preciso ouvir atentamente as dores dos meus clientes e do meu público-alvo para, de fato, se pensar em uma solução inovadora. Além disso, preciso ser capaz de ouvir opiniões divergentes das minhas em meio a um trabalho em equipe.

Inovação não é invenção ou descoberta de um fato científico a ser validado socialmente. A inovação envolve a criação de produto, um

---

27 Daniel Goleman, *Inteligência social*: o poder das relações humanas, São Paulo, Campus, 2007.

empreendimento que gere valor por uma solução que pode ser criativa, com aprendizado. Uma ideia que gere solução, lucro e pouco descarte de produtos. Inovar dentro de um trabalho sistêmico e empático, com propósito, um olhar para o todo e que gere uma mudança de essência na organização em processo evolutivo.

A inovação exige uma mudança coletiva sistêmica com profundidade, social ou organizacional, por meio de um propósito que direcione, gerando sentido na entrega, maior percepção coletiva, uma observação que vai além de sua própria visão de mundo, com sustentabilidade e engajamento, e tudo isso começa pela escuta.

4.6. A comunicação e o DISC

William Moulton Marston[28], psiquiatra, pesquisador e professor da Universidade de Harvard, inconformado com o fato de as pessoas com patologias serem estudadas e as ditas "normais" não terem a capacidade de compreender a si próprias de forma mais aprofundada, criou uma categorização dos comportamentos humanos em variados graus. Marston tinha uma teoria de que a normalidade está nas respostas emocionais que resultam em prazer e harmonia. E, portanto, emoções destrutivas, como raiva ou medo, já eram bem tratadas por psicólogos e afins, mas poucos se atentavam às emoções positivas.

O autoconhecimento proporciona a possibilidade de perceber onde se pode pôr mais energia na máxima eficiência da função, ou seja, buscar atividades que estejam de acordo com as preferências comportamentais, em que haja mais identificação e, portanto, sejam feitas com prazer!

Marston se questionava sobre a razão de as emoções espetacularmente desarmônicas, os sentimentos reveladores de um ambiente opressor,

---

28 William Moulton Marston, *As emoções das pessoas normais*, São Paulo, Success for You, 2014.

serem considerados normais. Grande estudioso, iniciou suas pesquisas no laboratório de psicologia de Harvard em 1913. Depois disso, continuou seu trabalho no Exército dos Estados Unidos durante a guerra e, a seguir, em processos criminais. Foi o criador do primeiro protótipo do detector de mentiras e do personagem da Mulher Maravilha, o que ressalta que seu interesse no comportamento humano já vinha de bastante tempo. Sendo assim, ele percebeu que poderia agrupar pessoas por semelhança de comportamentos, que são definidos como a soma de uma carga genética junto à experiência de vida de cada um. O fato é que temos preferências que nos levam à adoção de determinado arquétipo de comportamento, resultando em uma espécie de talento pessoal.

Não existe um talento bom ou ruim. O que existe, na verdade, são pessoas com perfis que não se enquadram à atividade que fazem. Por isso, quando nos conhecemos melhor, entendemos que possuímos mais facilidades e desenvolvimento natural para determinadas atividades em relação a outras. Como exemplo disso, para mim, a comunicação, falar em público, é algo muito natural, o que não é para muitas pessoas que me relatam ter bastante medo disso ou que, para fazê-lo, precisam de um esforço muito grande. De minha parte, isso acontece, por exemplo, quando preciso produzir relatórios que me exigem concentração e exatidão: o meu nível de esforço é um tanto quanto absurdo. Isso não quer dizer que eu não possa entregar relatórios ou que pessoas com dificuldade para falar em público não consigam fazer uma palestra. O ponto é o quanto a tarefa ocorre naturalmente ou o quanto ela demanda de esforço e energia.

Quanto mais estou alinhada a um propósito, mais autoconhecimento tenho, e também é maior o percentual do tempo das minhas atividades voltadas àquilo que me é mais natural, para minhas preferências comportamentais. Cuidar de desenvolver os comportamentos, identificando as características positivas das pessoas e potencializando-as, é uma forma de engajá-las.

Marston identificou e classificou os comportamentos em quatro tipos diferentes: dominante (D), influente (I), estável (S) e conforme (C). Para cada tipo, de acordo com o autor, a visão de mundo é diferente.

As pessoas são uma combinação de fatores, e por isso há mais que quatro arquétipos no DISC. Por uma questão didática, como base de um entendimento mais generalista, explicarei a seguir os quatro principais tipos do DISC.

Dominantes

São pessoas voltadas às características de muita ação e autoestima. Visionárias, podem ter uma visão de futuro além da média das pessoas. Tendem a ser ambiciosas, gostam de desafios e seu foco está no resultado. Automotivadas, assumem facilmente o poder; perspicazes, são muito antenadas em relação às oportunidades e possibilidades de negócios ao seu redor.

Quando estão com um comportamento errático, exageram sem muita consciência e se tornam arrogantes, centralizadoras, competitivas ao extremo, de modo que tendem a atropelar as outras pessoas.

Influentes

São pessoas de ação, que se interessam em lidar com outras pessoas e trabalham para a cooperação. São idealistas, empáticas, intuitivas, com muito poder de persuasão, e buscam harmonia entre as pessoas; são flexíveis e comunicativas, têm grande fluência verbal, o que as faz interagir com facilidade em relação a todos.

Quando exageram em seu comportamento, tendem a ser inconsequentes, irresponsáveis, mostram rebeldia, impaciência. Por vezes, também inconveniência, procrastinação e exagero na adaptação.

Estáveis

São pessoas mais passivas e também interessadas nos outros, porém com uma dedicação e atenção maiores às necessidades alheias por ser servidoras. Possuem muito senso de estética.

São equilibradas, como o nome sugere. Simpáticas, sensíveis, imaginativas e atenciosas, tendem a ser muito pacientes e amam a beleza e a poesia da vida. Geralmente, trazem uma sensação de aconchego ao ambiente.

Quando exageram no comportamento, perdem a agilidade, tendem a esperar demais para agir e fantasiam em excesso. Também mostram-se propensas a ficar estagnadas por medo da exposição e podem viver presas ao passado.

Conformes

São pessoas mais passivas e interessadas em processos. Sabem analisar situações de maneira bem imparcial, sem que as emoções as atrapalhem, pois buscam justiça. São lógicas, analíticas, inventivas, enveredam sozinhas pelos caminhos da mente; são, também, curiosas, disciplinadas, ponderadas, diplomáticas e perfeccionistas. Quando estão com comportamentos erráticos, tendem a ser rígidas demais em suas opiniões, críticas em excesso, teimosas e até mesmo fanáticas.

Todos nós temos os quatro fatores, mas há fatores que temos em mais alto percentual e outros em baixo percentual. Podemos ter uma mescla de fatores. Contudo, o que não acontece é ter todos os fatores altos ou baixos. Neste caso, haveria uma patologia a ser tratada. Temos características que são melhores em relação a outras, mas não conseguimos ter todas. Portanto, a complementaridade acontece quando percebemos que cada um tem sua singularidade e que juntos há uma equipe que se complementa.

4.7. A comunicação dos fatores DISC

Dominância – tem uma comunicação clara e objetiva, vai direto ao ponto e tende a não gostar de prolixidade, preferindo a assertividade. A voz firme, por vezes, é interpretada como uma comunicação agressiva, por indicar pouco cuidado ao falar com o outro. O foco é que as coisas aconteçam, e muitas vezes no processo tende a não ter muita cerimônia.

Esse é o perfil que tem mais dificuldade em escutar e receber opiniões, e não tem problemas em discutir, gosta de enfrentar as pessoas. É uma comunicação bem assertiva.

Influência – a comunicação é mais enérgica, com propensão a uma fala mais alta e também direta e assertiva. A fala costuma, às vezes, demonstrar dureza e depois amacia, e tem dificuldades com detalhes, expressando-se de forma mais genérica. Há uma certa dramatização em sua fala e tendência de generalizar as coisas.

Estabilidade – é uma comunicação mais calma, mais empática por natureza. Sabe ouvir mais e enfatiza muito os sentimentos. Costuma guardar seus sentimentos e opiniões, só falando conforme for questionado, e evita conflitos. Apresenta muita dificuldade em dizer não e, com isso, cede facilmente. É uma comunicação afável.

Conformidade – mais metódica, concentra-se em detalhes em sua comunicação. Evita expor sobre a vida pessoal e mostra-se propensa a ser sucinta. Varia pouco os tons de voz, e gosta que as coisas sejam realmente esclarecidas. Tende a se incomodar com informações sem precisão.

Claro que somos uma mistura de perfis, mas sabendo o que predomina em nós, também entendemos como nossa comunicação naturalmente ocorre; na prática, somos muito violentos por não aceitar nossas diferenças. Por exemplo, é muito comum que alguém com perfil dominante seja considerado violento e agressivo, quando não necessariamente o é. Um tom de voz mais firme ou uma fala mais direta podem ser muito mal interpretados.

O influente tende a ser considerado como alguém que, muitas vezes, não tem percepção e fala demais, o de alta estabilidade às vezes é visto como alguém lento, e o de alta conformidade, como um chato. Claro que tudo isso se dá, às vezes, inconscientemente, ou por meio de atitudes e comportamentos que também comunicam. Por isso, acredito que a percepção de que as pessoas são diferentes é um bom início para entender a CNV, para compreender necessidades e sentimentos.

4.8. Inteligência social

De acordo com um estudo de Daniel Goleman[29] sobre inteligência social, podemos chegar a uma empatia mais profunda; para isso, é preciso passar por duas fases anteriores, que são a conexão e, depois, a sincronia.

Os ingredientes da inteligência social podem ser organizados em duas categorias amplas: a consciência social – o que sentimos em relação aos outros – e a facilidade social – o que fazemos de posse dessa consciência. A consciência social tem a ver com sentir o estado interno do outro e compreender seus sentimentos e pensamentos. Compreender as situações sociais tem muito a ver com a comunicação não violenta:

- Empatia primordial: sentir com os outros, entender as emoções dos outros. A capacidade imediata de sentir essas emoções é uma habilidade de via secundária, considerada pelos neurocientistas como uma empatia intuitiva e visceral, e provavelmente ativada, em grande parte, pelos neurônios-espelho;

- Sintonia: é a atenção que ultrapassa a empatia momentânea, transformando-se em uma presença confirmada e completa que facilita a conexão. Nossa capacidade de dar atenção total e ouvir genuinamente;

29   Goleman, op. cit.

- Precisão empática: entender os pensamentos, sentimentos e intenções do outro (o que, na CNV, é trabalhar com os quatro componentes);
- Cognição social: saber como o mundo social realmente funciona.

Já no que tange à facilidade social, não basta compreender os sentimentos e necessidades dos outros, é preciso basear-se na consciência social para permitir interações fluentes e eficazes:

- Sincronia: permite-nos fluir graciosamente por meio de uma dança não verbal com outra pessoa;
- Apresentação pessoal: saber como se apresentar, buscar carisma, abertura a respeito dos sentimentos e uma expressividade que permita fazer amigos com facilidade, causar uma boa impressão;
- Influência: expressar-se de maneira que produza um resultado social desejado, como deixar alguém à vontade;
- Preocupação: real interesse sobre as necessidades dos outros e agir com base nisso. A preocupação reflete a capacidade de compaixão da pessoa. Pessoas manipuladoras podem ser hábeis em outras capacidades da inteligência social, mas falham nesta.

Parece estranho falar da inteligência social, já que é mais comum ouvirmos sobre a inteligência emocional. Mas a inteligência social é a real aplicação da inteligência emocional nas relações interpessoais. É a capacidade do indivíduo em lidar com outras pessoas e compreender o sentimento alheio, relacionamentos sociais e convenções morais.

Os fatores da inteligência social se iniciam no estudo do nosso cérebro, por meio das neurociências. Há primeiramente a conexão entre as pessoas, a sincronia e a empatia. No estudo de Goleman, a empatia passa por esse processo e permite ser mais profunda, já que houve a conexão, depois a sincronia, para gerar empatia. Nessa circunstância, sentimos realmente o que o outro sente, pela profundidade da relação.

Ele relata, em seu livro *Inteligência social*, um experimento com casais que estavam juntos havia mais de vinte anos e que, a partir de análise de fotos, de quando se conheceram e com o passar dos anos, tornou-se perceptível que as fisionomias começaram a, de fato, ficar similares. A explicação do fenômeno é que, por meio de conexões, sincronias e empatias profundas no decorrer dos anos, um passa a ter emoções similares às do outro; os músculos faciais se mexem de forma tão parecida que, na medida em que vão envelhecendo, os traços físicos ficam semelhantes. Isso explica por que filhos adotivos tendem a ficar parecidos com os pais, por exemplo. Esse nível de empatia mais profundo ocorre em relacionamentos mais íntimos.

Então é possível sentir o que o outro sente? De acordo com Goleman, sim, em relações bem mais íntimas e profundas. Acredito que, em organizações, esse processo seja mais difícil de ocorrer. Por outro lado, gerar conexão e sincronia não é tão difícil e ajuda substancialmente nos processos criativos. A disposição em ouvir genuinamente, com interesse, sentimento positivo e uma busca de coordenar ritmos, pode ser um começo.

Charles Darwin propôs que a empatia, prelúdio para a compaixão, é um poderoso auxílio à sobrevivência na caixa de ferramentas da natureza. A empatia lubrifica a sociabilidade, e nós, seres humanos, somos um animal social por excelência.

4.9. Conexão e atenção mútuas

Como ocorrem as conexões? Eu sou capaz de interferir muito mais no ambiente do que posso imaginar. Daniel Goleman fala que é uma espécie de wi-fi neural: o fato de eu entrar sorrindo em um ambiente onde as pessoas estão demasiadamente sérias pode desencadear sorrisos espontâneos dessas mesmas pessoas, não necessariamente de imediato. Pelo estudo das neurociências, isso seria a atuação dos neurônios-espelho, que refletem uma ação que observo em outra pessoa, levando-me a imitar ou a ter o impulso de fazê-lo.

Agora imagine que eu consiga uma conexão profunda com outra pessoa, a ponto de ter uma sintonia de ideias, fluidez e complementariedade. Isso às vezes acontece, e geralmente nessas situações ocorrem os melhores diálogos, em que podemos criar, desenvolver e até mesmo ter uma conversa agradável e enriquecedora por horas a fio. Isso se dá quando estou conectada com a outra pessoa.

Goleman, inclusive, diz que, quando as pessoas estão verdadeiramente conectadas, não só aumentam a escuta ativa como também se tornam mais criativas no processo de tomada de decisão. Isso porque, quando há conexão, há mais atenção, e via de regra o diálogo entra em uma fluidez natural, em que um fala e o outro complementa, o que permite que um processo de *brainstorming* natural ocorra entre as pessoas.

Mas como se conectar? De acordo com Robert Rosenthal[30], professor de Harvard, são necessárias três coisas essenciais para gerar conexão: atenção mútua, sentimento positivo compartilhado e um dueto não verbal bem coordenado.

Parece simples, não?

Ocorre que vivemos em um mundo, em grande medida, paradoxal, em que cada vez há mais conexão na internet, e mais desconexão com a pessoa que está à nossa frente. A atenção mútua exige mais presença e entrega de forma recíproca, coisa rara nos dias de hoje. Quando duas pessoas prestam atenção ao que a outra diz e faz, elas geram uma noção de interesse mútuo, e essa atenção bidirecional dá origem a sentimentos compartilhados. Afinal, o melhor caminho para a empatia é olhar diretamente nos olhos da outra pessoa.

---

30   Robert Rosenthal apud Goleman, op. cit.

4. A CONEXÃO E A INTERCOMUNICAÇÃO

Por outro lado, o sentimento positivo se torna essencial, já que a atenção em si não basta para estabelecer uma conexão. O próximo sentimento é uma boa sensação, provocada em grande parte pelo tom de voz e pela expressão facial. Em um ambiente de positividade, a comunicação não verbal atua com mais força que a verbal. A verdade é que não queremos nos conectar com o negativo, no máximo posso abrir um canal de desabafo. A conexão mais profunda exige positividade. Ou seja, se o outro está negativo, preciso primeiro ressignificar e levá-lo a um estado positivo, para depois me conectar a ele.

Por fim, entrar em sincronia com o ritmo e o *timing* de uma conversa, e também com os movimentos corporais, ajuda na conexão entre as pessoas. São conversas que fluem de forma deliciosa, em que um complementa a ideia do outro sem ansiedade nem atropelo, parecendo que um mecanismo de pensamento está atrelado ao do outro. São conversas que não queremos interromper. Reconhecemos a conexão, pois ela se torna agradável, empolgante e fluente.

Mas a importância da conexão vai muito além desses momentos agradáveis: quando as pessoas se conectam, podem ser mais criativas juntas e mais eficientes nos processos decisórios. A conexão faz com que me sinta bem com o outro, já que aqui entram a compreensão e a sinceridade. Pessoas conectadas ficam animadas e expressam livremente suas emoções.

Além disso, a conexão traz uma sensação de bem-estar, cordialidade, compreensão e sinceridade entre as pessoas. Quando os olhos se encontram, os corpos se aproximam e ficam à vontade até mesmo no silêncio. A falta de conexão, contudo, gera desconforto, respostas fora de hora e pausas estranhas, levando as pessoas a falarem coisas muitas vezes sem nexo nenhum, por estarem mais voltadas aos seus próprios mundos. Ambientes inovadores exigem mais conexões entre as pessoas!

4.10. A sincronia

A sincronia espontânea é um *rapport* natural. Você já teve um(a) amigo(a) que as pessoas diziam ser parecido(a) com você, mesmo que fisicamente não tivesse nada a ver? É quando a conexão é tão grande que começo a ter os mesmos trejeitos da outra pessoa. O tom de voz fica parecido, sentamo-nos da mesma forma, usamos roupas em estilos similares, temos maneiras e padrões de falas muito próximas.

Goleman diz que o benefício da sincronia gera benefícios interpessoais, pois quanto mais duas pessoas sincronizam inconscientemente seus movimentos nas interações, mais positivamente elas se sentem uma com a outra. Quanto maior a sincronia, maior a semelhança entre as emoções das duas pessoas: sincronia gera equivalência emocional. Entrar em sincronia pode ser um prazer visceral, e quanto maior o grupo, melhor.

Uma coisa interessante que Goleman fala é que nos extremos da ansiedade posso me deixar dominar pelo medo, e isso aumenta as transações emocionais; assim, se me sentir ameaçada e ansiosa, estarei propensa a captar mais emoções de outras pessoas. Ao que parece, esse é o lado negativo da nossa capacidade de entrar em sincronia com outras pessoas.

O fato de eu ficar absorta em mim mesma elimina a empatia e, ainda mais, a compaixão. Quando me concentro em mim mesma, meu mundo se contrai, e meus problemas e preocupações aumentam. Por outro lado, se eu focar a minha atenção para os outros, posso expandir meu mundo, meus problemas parecem menores e aumento a minha capacidade de conexão e compaixão.

4.11. A psicologia do prazer

Existe um estudo denominado "Psicologia do prazer", que mostra a relevância para as coisas de fácil acesso. Esse estudo pode me trazer mais consciência das coisas que valorizo, que estão ligadas ao meu propósito, e das que, de alguma forma, fui conduzida a valorizar. Assim como das que desvalorizo nos dois sentidos.

No documentário *Crossroad: Labor Pains of a New Worldview* (2013), dirigido por Joseph Ohayon, vi pela primeira vez esse conceito por meio do psicólogo cognitivo e desenvolvimentista Paul Bloom, ph.D.; achei muito interessante e busquei mais referências. Imagine uma obra de arte, vendida a milhões de dólares, que, de repente, passa a valer bem menos? Como isso seria possível? Um exemplo disso é a *A ceia em Emaús*, um quadro pintado por Johannes Vermeer na década de 1940, que estava na Holanda e era uma das mais renomadas pinturas da Europa. As pessoas viajavam para vê-la. Até descobrirem que não foi pintada por Vermeer, mas pelo grande falsário Van Meegeren. A obra original passou a valer muito menos, e a réplica, a não ter nenhum valor.

O interessante é que a réplica é idêntica ao quadro original. Na verdade, as pessoas não compram a obra de arte, e sim a história da arte, a exclusividade, o status de ter uma peça única. Isso ocorre com várias coisas em nossa vida, como, por exemplo, os relacionamentos, que, quanto mais desafiadores são, mais estimulantes parecem ser.

Em um experimento, Joshua Bell, grande violinista e dono do violino mais caro do mundo, foi convidado a tocar em um metrô em Washington. Apesar de ter seguranças à disposição dele, como as pessoas não o reconheceram, quase ninguém parou para assisti-lo, de modo que ele só conseguiu arrecadar alguns dólares. Apenas uma moça o reconheceu.

Um concerto de Joshua Bell é caríssimo, tem todo um requinte especial. Geralmente as pessoas valorizam muito o evento, mas parece que o mesmo Joshua Bell tocando em um metrô perde a relevância. Qual o motivo? A correria das pessoas no transporte público? O fato de o músico não se encontrar em um meio em que estaria seu público-alvo? Talvez esses fatores influenciem realmente. É verdade também que muitos artistas, como a banda U2, já fizeram esse tipo de experimento; sem disfarces, as pessoas de repente passam a ter tempo e a gostar do som que está sendo produzido. Recentemente, Cristiano Ronaldo ficou fazendo embaixadinhas na rua, disfarçado, e apenas uma criança se aproximou simplesmente pelo seu talento. Depois que ele tirou o disfarce, pode-se imaginar a quantidade de pessoas que se aproximaram, não é mesmo?

Paul Bloom cita mais alguns exemplos interessantes, como o fato de que, ao degustar alguma coisa, sou afetada pelo que acredito estar comendo ou bebendo. Uma descoberta agradável envolve crianças. Como conseguir não só que as crianças comam cenouras e bebam leite, mas que, após a ingestão, digam que gostaram do sabor? É realmente simples fazer isso. Foi feito em um estudo alguns anos atrás. Basta mantê-las longe de comidas industrializadas.

Um outro exemplo relacionado à degustação se refere a um grupo de pessoas em cujos cérebros foi posto um scanner; enquanto elas ficavam deitadas de costas, havia um tubo introduzido em suas bocas. Ao beberem vinho através do tubo, tinham seus cérebros escaneados. Acima delas, havia uma tela em que podiam ler informações sobre o vinho que estavam ingerindo. Todas beberam o mesmo vinho. Se acreditavam estar tomando um vinho barato, muitas pensaram: "Ah, isso não tem um gosto tão bom", e exibiam uma resposta neural de baixo nível. Já as que imaginaram se tratar de um vinho especial e caro, não só demonstraram mais deleite, como isso ficou evidente pela iluminação de todo o centro de prazer no cérebro.

Outro exemplo interessante que ele cita é de John Cage, um pianista que fez uma performance moderna e famosa, na qual ele foi instruído a se sentar ao piano e ficar em silêncio durante 4 minutos e 33 segundos. Não vou entrar no mérito do julgamento, apenas relato que essa performance passou a ser vendida no iTunes por US$ 1,99: você baixa e, evidentemente, terá um silêncio de 4 minutos e 33 segundos.

Se você ler os comentários a respeito, verá pessoas indignadas com isso, afinal, bastaria manter o ambiente em silêncio por 4 minutos e 33 segundos, então, para que comprar a performance? Porém, muitos acreditam que, psicologicamente falando, não seria o mesmo silêncio.

Esse estudo revela o quanto a relevância das coisas pode ter interferências psicológicas e que há uma tendência a valorizarmos mais aquilo que acreditamos ter importância e glamour superiores, ou que são de mais difícil alcance. Posso não dar relevância a coisas que estão ao meu redor justamente por não ter esse psicológico embutido. Isso pode ocorrer com a interpretação que faço de mim mesma também, trazendo baixa autoestima.

A psicologia do prazer tem relação com dar valor aos recursos que já tenho e que estão disponíveis o tempo todo. Pensando em inovação, isso é fundamental, já que, na maioria dos processos criativos e inovadores nas empresas, facilmente ocorrem descartes de recursos que poderiam ser muito úteis e um gasto além da conta para ter os "recursos ideais". Inovar é aprender a valorizar os recursos que vão de nós mesmos até outras pessoas e passam pelos recursos materiais que estão disponíveis no momento.

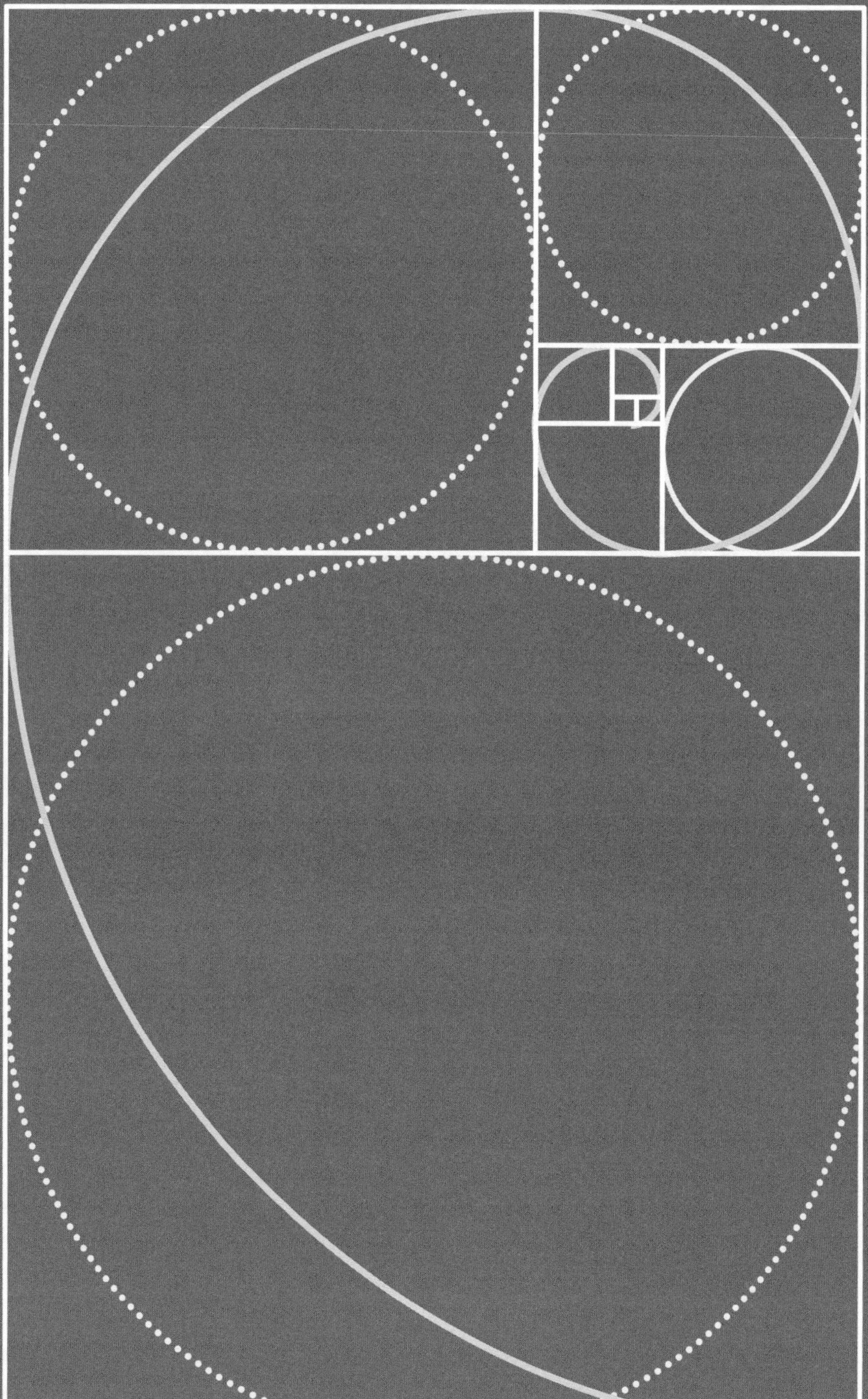

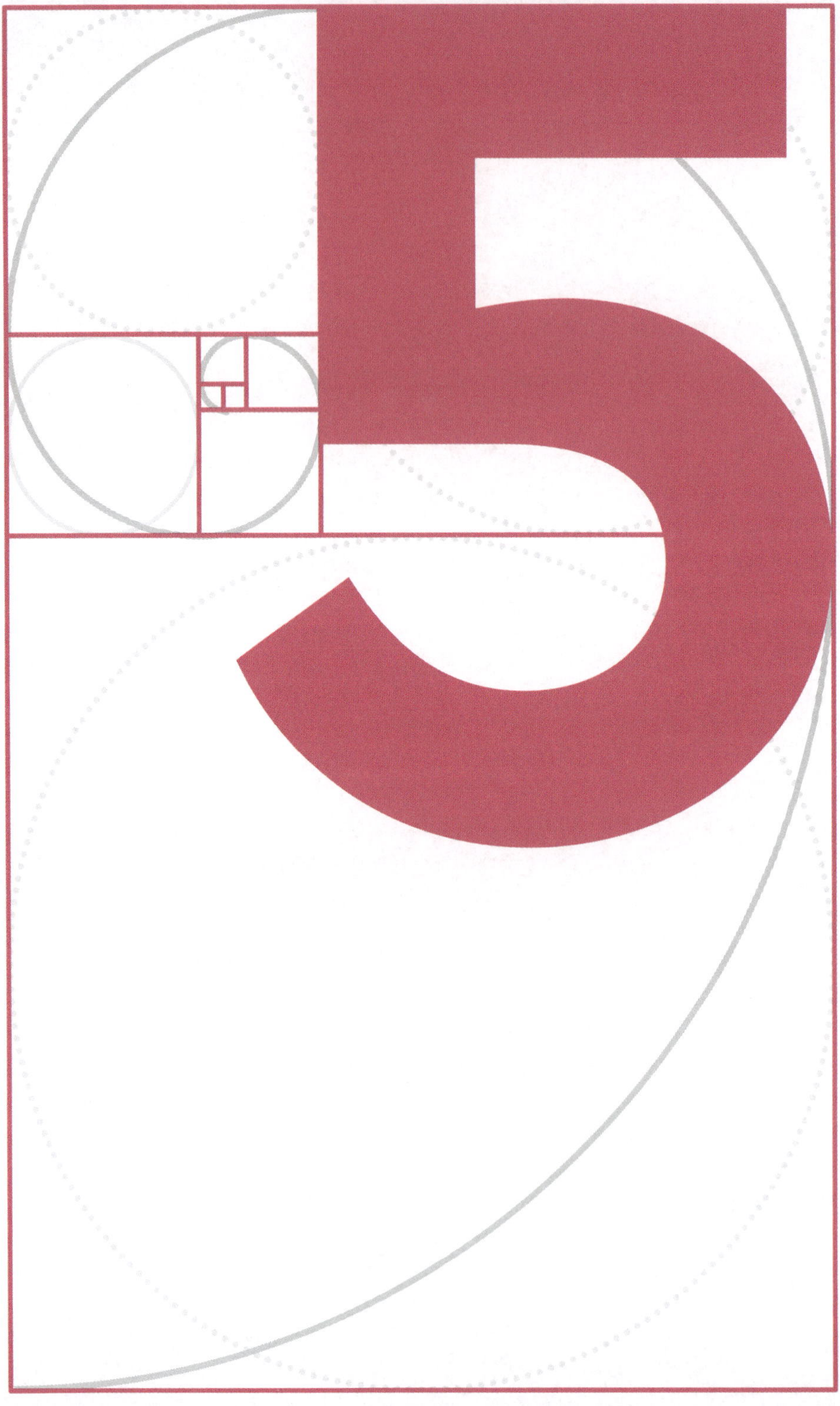
5

5. O CIRCULAR E O SENSO COLETIVO

Segundo a comunicação não violenta, a terceira dimensão da comunicação é o senso coletivo, e nessa etapa entra o olhar mais sistêmico. Depois de passarmos pela autoconexão, estamos mais prontos para a conexão com o outro para, finalmente, nos conectar com o todo.

Aliás, a lógica é que tudo que faço no intra afeta o todo. Marshall Rosenberg dizia que uma grande violência que cometemos conosco é o processo de culpa e vergonha, que mencionei no capítulo da intracomunicação. Justamente, quando cometemos esse tipo de violência com nós mesmos, fatalmente entramos em um processo de depressão e, com isso, afetamos não só a nós mesmos, mas também as pessoas que vivem conosco, que nos amam, assim como todo o ecossistema que depende, de alguma forma, do meu trabalho ou das minhas ações. O senso coletivo é essa capacidade de entender que fazemos parte do todo e o todo está em nós, portanto uma coisa interfere na outra o tempo todo.

O estudo do pensamento sistêmico ajuda na compreensão desse olhar, pois traz um pouco mais da compreensão desse processo holístico. Podemos dizer que o pensamento sistêmico é uma abordagem que explica a interdependência entre as pessoas em um sistema, o que denota pensar de forma circular, aumentando a percepção de causalidade. A natureza é formada por ciclos regenerativos. Entender paradigmas sistêmicos é o primeiro passo para compreender a economia circular.

A economia circular exige uma mudança de mentalidade, uma revisão no padrão de comportamento das pessoas: não só em relação a consumir e descartar produtos, mas também quanto à criação e à entrega. É uma mudança de paradigma em como as pessoas percebem ações efetivas: ajustar a cadeia para minimizar o descarte visando a extinção de lixo em algum momento, em vez de apenas encarar reciclagem como reaproveitamento do lixo.

A economia linear é baseada em extração, produção, consumo e descarte, e esse modelo gera desperdícios em larga escala, até mesmo antes do consumo. Na economia circular, o conceito é eliminar o descarte, gerando reaproveitamento no próprio fluxo.

Com o objetivo de ampliar o senso coletivo, a percepção e a visão sistêmica na comunicação não violenta, a Flyflow criou a comunicação sistêmica, em que potencializamos a comunicação não violenta por meio de ferramentas e paradigmas do pensamento sistêmico.

Os resultados de um processo de inovação podem ser muito impactados se ele for executado em uma cultura de empatia na organização. A partir de pesquisas na Fyflow em relação a empatia, pensamentos sistêmico e cultura organizacional, mapeamos um processo que denominamos de empatia circular, etapa posterior ao processo de comunicação sistêmica. Trabalhamos as causas e ações de alavancagem para disseminar e promover uma cultura de empatia em forma sistêmica dentro de uma organização.

5.1. O paradigma circular

> "O resumo da ópera é este: todas as vidas são inter-relacionadas. Nós só somos presos a uma rede inescapável de mutualidade, ligados a um único tecido do destino. O que afeta o destino de um afeta indiretamente a todos" (Martin Luther King)

O termo "circular" remete ao não-linear, que é um dos paradigmas que sustenta o pensamento sistêmico. Abordaremos com mais profundidade os conceitos de economia circular e proposta de valor circular no capítulo 6. Ser "circular" começa com a empatia, de dentro para fora. Quanto mais consciência e percepção do todo sistêmico, seja ele a família, organização, sociedade e ou planeta, maior a nossa responsabilidade de atuar, de gerar um efeito positivo que contribua para este todo integrado. Mas o que move é a empatia, se importar com os outros, ter curiosidade na realidade dos outros, porque os problemas não são dos outros, são nossos problemas, são problemas complexos de um futuro incerto e paradoxal.

O conceito "Vuca" – acrônimo para volatilidade, incerteza, complexidade, ambiguidade – surgiu no início dos anos 1990 pelo U. S. Army War College para se referir ao mundo multilateral do pós-Guerra Fria, caracterizado como sendo mais volátil, incerto, complexo e ambíguo do que nunca. Em um contexto de negócios, o conceito "Vuca" se solidificou após a crise financeira global de 2008-2009, com uma maior conscientização sobre o complexo e sustentável mundo globalmente interconectado dos negócios. Os ganhos de percepção coletiva devido ao maior e mais ágil acesso a informações e opiniões transformaram as relações humanas e os paradigmas de negócios. Situações imprevisíveis rapidamente causam impacto, o que resulta na obsolescência de modelos existentes para lidar com complexidade e incerteza.

Tudo isso traz o desafio da inovação nas relações humanas, já que há uma evolução natural da tecnologia, dos modelos mentais, dos negócios e das relações. Afinal, como diria o sociólogo Zygmunt Bauman, estamos vivendo a modernidade líquida, em que nada mais é sólido e tudo se molda a cada instante. Mesmo os relacionamentos, família, carreira, sucesso e independência também ficaram mais complexos. Como defende Peter Senge na obra *A quinta disciplina*, "as organizações funcionam do jeito que funcionam por causa da maneira pela qual trabalhamos, pensamos e interagimos; as mudanças exigidas não são apenas nas organizações, mas em nós também".

O pensamento sistêmico é a visão que integra as partes, em que as mudanças organizacionais são vistas com uma orientação sistêmica. Um olhar para entender o todo, para depois compreender as partes. Para isso, é preciso desenvolver uma visão compartilhada, modelos mentais, aprendizagem em equipe e domínio pessoal. A visão compartilhada, de acordo com Peter Senge[31], estimula o compromisso com o longo prazo.

Senge, inclusive, traz um conceito muito interessante, que é o das organizações que aprendem como os indivíduos se percebem e percebem o seu mundo. Eu passo a me ver conectada ao mundo, e elimino o vitimismo de achar que problemas são causados por terceiros. Passo a ver que faço parte do problema e da solução, sem a ilusão da separatividade.

Senge sugere que deve ocorrer uma metanoia, ou seja, uma mudança de mentalidade. Esse termo, para os gregos, significava uma mudança ou alteração fundamental ou, mais literalmente, transcendência da mente, já que *meta* quer dizer acima ou além, e *noia* vem da raiz *nous*, de mente.

É interessante quando reflito sob o paradigma do pensamento sistêmico, pois me deparo com uma análise bem diferente dos problemas. Por exemplo, a maioria das soluções dos problemas de hoje vem de um passado sem visão sistêmica. Ou seja, a solução era boa pensando apenas naquele momento, mas não necessariamente o seria pensando em futuro ou no todo.

Sabe aquela promoção que fiz no mês passado? Gerou ótimas vendas e resolveu meu problema naquela ocasião, só que agora os clientes não aceitam mais pagar o valor normal dos meus produtos, porque entendem que podem esperar outra promoção. O grande problema disso é que soluções que transferem problemas são difíceis de ser detectadas, já que os que "resolveram" os problemas, muitas vezes, não são os mesmos que herdaram o novo problema.

---

31 Peter Senge, *A quinta disciplina*: a arte e prática da organização que aprende, Rio de Janeiro, Best Seller, 2016.

> "Análise realizada pela McKinsey estima que uma mudança para um modelo circular poderia adicionar US$ 1 trilhão para a economia global até 2025 e criar 100 mil novos empregos nos próximos cinco anos. De acordo com a visão da economia circular prevista para 2020 proposta pela Waste & Resources Action Programme, a União Europeia pode ter um acréscimo de 90 trilhões de libras na sua balança comercial, e criar 160 mil empregos novos. O setor industrial será possivelmente o que verá os benefícios mais rapidamente, dada sua dependência por matéria-prima – a McKinsey argumenta que certos subsetores da indústria europeia poderiam economizar até US$ 630 trilhões anualmente em reduções de custo de matéria-prima, até o ano de 2025" *(Maxine Perella, jornalista ambiental especializada na agenda de lixo zero e economia circular)*

5.2. A sabedoria organizacional

> "Onde está a sabedoria que perdemos no conhecimento?
>
> Onde está o conhecimento que perdemos em informação?"
>
> *Poema "The Rock", de T.S. Eliot*

Conhecida na gestão do conhecimento, a hierarquia "DIKW" (em inglês Data, Information, Knowledge, Wisdom) tem se tornado popular em outras frentes a partir de importantes contribuições de Russell Ackoff, desde 1988. O modelo propõe cinco camadas (dados, informação, conhecimento, entendimento, sabedoria) tentando trazer mais clareza e percepção ao dinâmico e complexo sistema da mente humana que flui entre a razão e a intuição.

5. O CIRCULAR E O SENSO COLETIVO

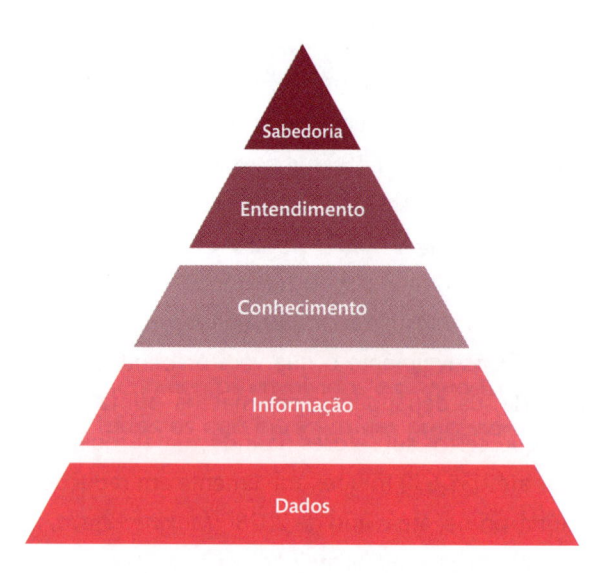

Pirâmide da Sabedoria segundo Russel Ackoff

Os estudos de Scott Carpenter sobre "gestão da sabedoria empresarial (a área do esforço contínuo)" apresentam outro modelo similar, acrescentando duas novas camadas, o ambiente como primeira e a visão como a última, conforme a imagem a seguir. Mas não contempla a camada de entendimento.

Pirâmide da Sabedoria segundo Scott Carpenter

Utilizo a pirâmide abaixo que chamamos de sabedoria organizacional. Dependendo da demanda do cliente que estamos trabalhamos, utilizamos para elevar a percepção da resolução do problema ou tomada de decisão, separando aspectos relacionados à eficiência e à eficácia da solução.

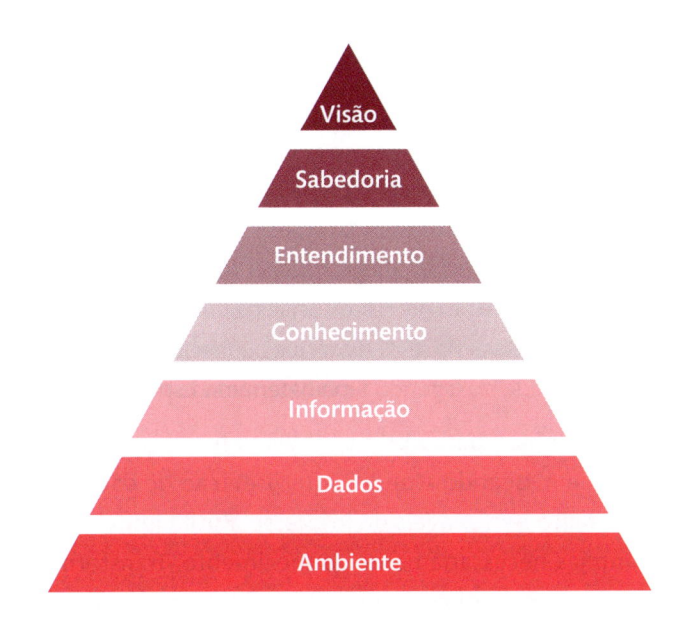

Pirâmide da Sabedoria resultante segundo Russel Ackoff e Scott Carpenter

1. Visão: camada de direção com significado, de acreditar em um futuro que pode ser construído, um estado desejado a partir de um estado atual. Equivalente ao componente de pedido na comunicação não violenta.

2. Sabedoria: camada de discernimento, de enxergar além, de desenvolvimento, implica entrega de valor. Onde mora a capacidade de aumentar a eficácia e tomada de decisão. Relacionada ao senso crítico, ao sistêmico. A eficácia de fazer certo as coisas, com princípios e ética. A tomada de decisão é influenciada por crenças e modelos mentais.

3. Entendimento: camada do crescimento, não exige aumento de valor, ganho de habilidades ou competências, esclarecimento dos porquês. O quanto obtemos sucesso com propósito e está diretamente relacionado com uma atitude de aprendizado, de responsabilidade pelas ações, em vez de culpabilidade. Base para obter a sabedoria, fonte da capacidade de aumentar a eficiência de fazer as coisas certas. Temos aqui o aprendizado, a compreensão e o pensamento crítico.

4. Conhecimento: base para obter o entendimento, camada da contextualização de instruções, padrões e fundamentos. Temos aqui o pensamento analítico e a memorização. Transformar conhecimento em entendimento é um processo social, cultural, complexo e orientado a objetivo. Pode-se dizer que conhecimento é uma crença validada, verdadeira, segundo uma determinada percepção.

5. Informação: base para obter conhecimento. A percepção: o que, quem, quando e onde? Interpretação de dados e mapeamento de variáveis de interesse. Muita informação não implica necessariamente conhecimento. Transformamos informação em conhecimento por meio da experiência, modelados por crenças e valores.

6. Dados: camada da observação, fatos, registros sem significado ou contextualização, base para obter informação. Símbolos, diagramas, textos, imagens que registram os eventos do ambiente percebido e medições. Qualquer grau de significado o torna informativo.

7. Ambiente: camada que delimita o cenário abordado pela coleta dos dados. Também representa nossa interdependência com o meio e como acessamos esses dados.

5.2. A sabedoria organizacional

> "A maior parte do tempo gasto na escola é dedicada à transmissão de informação e formas de obtê-la. Menos tempo é dedicado à transmissão de conhecimento e formas de obtê-lo. Virtualmente, nenhum tempo é gasto na transmissão de entendimento ou formas de obtêbteenAlém do mais, as distinções entre dado, informação, conhecimento, entendimento e sabedoria raramente são feitas no processo educacional, deixando os estudantes inconscientes de sua própria ignorância. Eles apenas não sabem, como também não sabem que não sabem"
>
> *(Russel Ackoff)*[32]

Se o objetivo for construir uma cultura de empatia e inovação, a sabedoria organizacional dependerá de uma comunicação coesa, não violenta, clara e honesta. A tomada de decisão da liderança precisa representar o consenso coletivo, todos precisam olhar para a mesma direção. Perceber de forma sistêmica e empática inclui tanto entender a cultura organizacional influenciando padrões de comportamentos como sentir as necessidades das pessoas influenciando relacionamentos. Processos eficazes frios não atingem resultados, pessoas apaixonadas por um ideal, sim.

---

32 Russell Ackoff, *Ackoff's Best*: His ClassicWirings on Management, Hoboken, Wiley, 1999, p. 170.

5.3. As perspectivas sistêmicas

Para examinar um problema sob diversas perspectivas sistêmicas, Daniel H. Kim, cofundador do Centro de Aprendizagem Organizacional do MIT, propôs uma versão modificada da "matriz de implantação da visão". Os níveis de perspectivas são divididos em: eventos, padrões de comportamento, estruturas sistêmicas, modelos mentais e visão, como mostra a figura abaixo.

Perspectivas sistêmicas[33]

	Nível de Persperctiva	Realidade Atual	Realidade Desejada
menos alavancagem	Eventos	Quais são os eventos específicos que caracterizam a realidade atual?	Quais são os eventos específicos que demonstrariam que a visão está sendo realizada no dia-a-dia?
	Padrões de Comportamento	Quais são os padrões de comportamento que se repetem no sistema atual?	Quais são os padrões de comportamentos desejados no sistema futuro?
	Estruturas Sistêmicas	Quais estruturas sistêmicas estão produzindo o padrão de comportamento dominante no sistema atual?	Que novas estruturas sistêmicas são necessárias para operacionalizar os novos modelos mentais para conquistar a visão futura?
	Modelos Mentais	Premissas que prevalecem, crenças, valores que sustentam a estrutura sistêmica vigente?	Quais são as premissas, crenças e valores necessárias para realizar a visão futura?
mais alavancagem	Visão	Visão observada?	Visão futura?

---

33 Imagem traduzida de Daniel Kim, From Event Thinking to Systems Thinking, *Systems Thinker*, v. 7, [s.d.]. Disponível em: <thesystemsthinker.com/from-event-thinking-to-systems-thinking/>. Acesso em: 7 ago. 2019.

As perspectivas sistêmicas permitem que sejam construídas narrativas em vários níveis de percepção. Em eventos, focamos nos acontecimentos observáveis do sistema. Em padrões de comportamento, amplia-se a atenção em relação ao tempo mapeando os comportamentos mais predominantes. Em estruturas sistêmicas, quais estruturas estão produzindo o padrão observado, que modelos mentais sustentam tais estruturas; e em visão, a realidade que criamos e para onde estamos caminhando.

Com essas perspectivas, percebemos que um evento não é apenas um acaso e que, na verdade, é só a ponta de um iceberg. É incrível quando aplico essa metodologia em empresas, como eventos que estão prejudicando a empresa. Eventos distintos, inclusive, ocorrem com frequência por conta de um mesmo padrão de comportamento ou de uma cultura da empresa. É incrível como isso pode revelar muito em termos institucionais.

Faço isso por meio de plotagens, e, em grupos e post-its, os participantes vão entendendo o que pode estar ocorrendo por trás dos eventos, linkando aos componentes da comunicação não violenta e entendendo que comportamentos ocorrem por necessidades não atendidas que vêm de sentimentos, muitas vezes coletivos.

A base da comunicação não violenta ajuda muito nesse processo, e as perspectivas sistêmicas geram um diagnóstico incrível de problemas a serem solucionados com o uso de metodologias de inovação como o design thinking, por exemplo. Tudo isso de forma empática e entendendo as reais necessidades dos envolvidos e da empresa. É importante pensar em uma cultura de empatia nesse processo.

5.4. A comunicação sistêmica

A comunicação sistêmica atua na expansão da consciência colaborativa sobre por que e como cada indivíduo estabelece comunicação e interage com o outro e com o ambiente; facilita a compreensão da complexidade,

5. O CIRCULAR E O SENSO COLETIVO

da instabilidade e da intersubjetividade apresentadas no mundo e nas organizações; e promove a conexão e o entendimento de que resultados por excelência exigem uma visão sistêmica e, sobretudo, interações que considerem as necessidades, as expectativas e as emoções dos envolvidos.

No pilar da intracomunicação, como já citado, posso pensar nos modelos mentais e na clareza de propósito. Na intercomunicação, penso no engajamento e na conexão a partir do entendimento dos fatos além do que o outro me comunica, e no terceiro nível, ou terceira dimensão, sobre a qual vou falar agora, foco mais no paradigma do pensamento sistêmico.

A comunicação é um desafio na maioria das empresas. Entender as barreiras impostas pelas falsas interpretações, por meus filtros e influências do ambiente em que estou me permite aumentar a percepção e, com isso, entender necessidades e sentimentos de todos os envolvidos, e ainda ampliar o entendimento além do "óbvio", afinal, o bom comunicador aprende a compreender as causas e não os efeitos da comunicação.

O pensamento sistêmico é um paradigma que me traz uma nova visão do mundo, uma vez que posso ter uma nova base para moldar meu mundo.

Pensando pelo viés da comunicação não violenta, a terceira dimensão é o senso de coletividade. Uma das maiores violências que cometo é quando não penso nas consequências dos meus atos de forma mais sistêmica. Estou comunicando por meio de meus comportamentos centrados em mim. O grande problema é que a separatividade é uma ilusão, e quando não penso de forma sistêmica, não percebo que, no fim, eu mesma sou prejudicada.

Um exemplo simples e fácil de entender é quando vejo alguém varrendo a calçada e jogando sujeira em um bueiro. Certamente é a mesma pessoa que vai reclamar depois das enchentes na rua. Aliás, a lógica do pensamento sistêmico é baseada em ciclos de *feedback*.

Vamos entender melhor?

5.5. Os ciclos de feedback e a comunicação

Na ótica do pensamento sistêmico, o conceito de *feedback* está relacionado ao mapeamento das interações sistêmicas e representa a resposta de um fluxo de reciprocidade de causa-efeito, cuja influência atrasa, reforça ou equilibra o *feedback*. O retorno da influência de uma ação pode ser rápido ou não, perceptível ou não, direto ou indireto. O comportamento do sistema está determinado pela estrutura de ciclos de *feedback* e os respectivos componentes. Perceber os ciclos de *feedback* é essencial para planejar qualquer tipo de intervenção sistêmica que tenha como propósito levar o sistema a um novo comportamento. Ciclo de *feedback* positivo se dá conforme a ocorrência de um ganho, um reforço na interação de causa-efeito. Já no ciclo de *feedback* negativo, há uma redução no impacto da interação de causa-efeito, sendo, por isso, também chamado de *feedback* de balanceamento.

A execução de um projeto de inovação precisa impactar não horizontalmente, mas com profundidade. Por isso, é necessário estruturar uma estratégia de como intervir em um sistema organizacional de forma cirúrgica, com objetivo de minimizar o esforço e maximizar as probabilidades de resultados positivos. Uma das maneiras é utilizar pontos de alavancagem.

Um outro problema visível nas organizações são as buscas por atalhos, por respostas mais imediatas e mais fáceis, mas que nem sempre são a melhor alternativa. O fato de eu buscar uma solução conhecida para resolver meus problemas me faz ficar presa em padrões e não atuar de fato nos problemas que podem se atenuar, além de revelar uma visão que ainda está limitada frente às ocorrências.

E como Peter Senge[34] menciona em seu livro *A quinta disciplina*, a cura pode ser pior que a doença. Se eu não pensar de forma sistêmica, posso

---

34   Senge, op. cit.

buscar curas por meio de soluções fáceis, e assim prejudicar ainda mais o meu quadro. Um exemplo disso é da pessoa que se sente triste e passa a beber regularmente para se esquecer dos problemas. Isso passa a ser um hábito, e depois ela se torna uma alcóolatra.

Entender o sistema como um todo facilita a compreensão dos problemas mais complexos. Senge, também em seu livro, traz uma fábula muçulmana que acho interessante reproduzir aqui: "Três homens cegos encontraram um elefante. 'É uma coisa grande e áspera, larga e ampla, como um tapete', contou o primeiro, segurando uma das orelhas. O segundo, tateando a tromba, afirmou: 'Eu sei o que é isso: é um tubo reto e oco'. E o terceiro, tocando a perna dianteira do animal, disse: 'É sólido e firme, como uma coluna'"[35].

Cada um vê as partes de uma forma diferente. De acordo com minhas interpretações e repertório de vida, posso interpretar a parte do todo de forma a me afastar do entendimento do todo, já que não me preocupo em ver as interações das partes. A fábula termina com uma observação interessante: "O raciocínio desses homens jamais deixará que saibam que é um elefante".

Por outro lado, o fato de eu ver um elefante inteiro não me dá a garantia de que eu seja capaz de resolver todos os problemas, mas facilita bastante. E, claro, posso resolver problemas só vendo parte deles, não estou dizendo que não seja possível, só é mais difícil. E, por fim, no olhar mais sistêmico, tiramos o nosso automático da culpabilidade, já que eu faço parte do todo, e o todo faz parte de mim, uma coisa sempre vai influenciar a outra, e encontrar culpados é como se eu dissesse que uma coisa está separada da outra.

35   Ibidem.

> "O pensamento sistêmico é uma disciplina para ver o todo. É um quadro referencial para ver inter-relacionamentos, em vez de eventos; para ver os padrões de mudança, em vez de "fotos instantâneas". É um conjunto de princípios gerais – destilados ao longo do século XX, abrangendo campos tão diversos quanto as ciências físicas e sociais, a engenharia e a administração" *(Peter Senge)*

Exercitar esse pensamento mais sistêmico ajuda a olhar os eventos de forma mais abrangente. Como mencionei nos quatro componentes da CNV, ao fazer um pedido para outra pessoa, não basta pensar em atender sentimentos e necessidades minhas e da outra pessoa e prejudicar o meio em que estamos. Por outro lado, as pessoas também reagem ao ambiente em que estão inseridas, portanto, lidar com conflitos sem pensar no ambiente em que o conflito ocorreu é uma visão míope das coisas.

É preciso entender se a cultura da empresa, por exemplo, está influenciando nos comportamentos das pessoas e, caso tenha ocorrido, se foi um fato isolado ou se é um comportamento que tem se repetido sistematicamente naquele ambiente.

O inverso também é verdadeiro. Não quer dizer que um determinado evento reflete a realidade daquele ambiente ou daquela empresa. Por exemplo, se alguém na empresa comete uma infração, uma corrupção, não posso falar que a empresa é corrupta. Esse evento específico é indicativo de um padrão ao longo do tempo? Existem outras histórias que corroboram esse suposto padrão?

Por isso, é importante analisar os eventos e entender se eles são consequência de comportamentos que se repetem na organização, que se tornaram padronizados e que levam à ocorrência daquele evento. Esses comportamentos, ao se repetirem, demonstram que existe uma estrutura sistêmica que permite isso. Essa mesma estrutura foi definida com base nas crenças e valores dos fundadores da empresa, assim como das pessoas que são influenciadoras dentro dela.

Quando analiso de forma mais sistêmica, o diagnóstico é mais profundo, vai mais ao cerne da questão, e assim posso fazer intervenções bem mais eficazes.

Na verdade, a maioria das pessoas é moldada sob o paradigma analítico. Sob o olhar analítico, aprendo a entender o sistema dividindo-o em seus elementos. Além disso, o pensamento analítico se baseia no reducionismo, no qual:

1º Os eventos ocorridos, dividimos em elementos;

2º Uma vez que os isolo e os divido, analiso as propriedades e funcionamento em separado;

3º Recomponho esses componentes no sistema original.

Um exemplo disso é quando sou contratada para atender *coaching*. Geralmente o *briefing* que recebo é de que a pessoa está com problemas, ou querem investir nessa pessoa para que ela tenha oportunidade de crescimento na empresa.

A partir daí, são analisados os comportamentos dessa pessoa, como ela produz de forma isolada. E, por fim, após a intervenção, essa pessoa retorna para a equipe. Esse é o raciocínio analítico com que normalmente me deparo.

Aliás, o paradigma analítico dá resultados em diversos meios científicos, e por isso mesmo que ele é tão disseminado. Agora, a mesma situação dentro do paradigma sistêmico: aprendi com o professor Alisson Vale que, neste paradigma, sempre que há elementos interagindo para exercer uma função, ou propósito, há ali um sistema. Você encontrará muitos sistemas em nosso corpo, em uma empresa, em um carro etc.

Ou seja, em uma empresa, por exemplo, sempre há um propósito em existir, sua identidade, sua missão. Os elementos são as pessoas, máquinas e tecnologia.

5.5. Os ciclos de feedback e a comunicação

No paradigma sistêmico, o processo de raciocínio é chamado de síntese ou holístico. As partes estão interconectadas e explicáveis apenas por referência do todo, ou seja, sempre é preciso analisar o todo e o contexto e como é a relação dos elementos que levam àqueles comportamentos, à determinada organização, e como são gerados a interdependência e o agrupamento dos elementos. Neste caso:

1º Identifico o sistema e seu funcionamento para poder entender uma parte dele;

2º Tenho uma ideia geral de como todo o sistema funciona;

3º Neste estágio, entendo como as partes estão interconectadas e dispostas a funcionar como um todo.

Naquele exemplo que dei antes, ao contratar um *coaching*, o ideal é entender o sistema da empresa com o qual a pessoa está envolvida, pois tendo uma ideia geral de como funciona o sistema, posso entender o motivo dos comportamentos daquela pessoa, e então entro no estágio de entender como ela está conectada com o meio em que se insere, como ela interfere e influencia, e como é influenciada. Com esse pensamento mais sistêmico, o desenvolvimento do processo de *coaching* é muito mais efetivo e direcionado.

Quando olho a comunicação com essa visão sistêmica, penso de forma mais ampliada, ou seja, os quatro componentes da CNV já citados anteriormente passam a ser agora analisados sob uma ótica sistêmica.

1. **Observação** – aqui não basta observar os eventos somente sob minha ótica e sob a ótica da outra pessoa. É preciso olhar eventos sob ótica sistêmica, se não há influência de padrões de comportamento, se esses eventos se repetem em outras circunstâncias com outras pessoas, entre outros detalhes. A observação agora é se o que estamos fazendo pode afetar toda a engrenagem que está ao nosso redor. Minhas ações interferem nas ações de outras pessoas, assim como o inverso é verdadeiro.

2. **Sentimento** – além de entender meus sentimentos e da pessoa que está comigo, preciso avaliar sentimentos das pessoas envolvidas sistematicamente naquele evento. Que sentimentos são afetados quando faço escolhas? Que pessoas são afetadas além de mim?

3. **Necessidades** – quando penso em necessidades não atendidas, além das minhas e da pessoa que está comigo, é preciso pensar sistemicamente. Quais são as necessidades de ordem mais sistêmica? Preciso pensar de forma mais coletiva e atender ao que for bom para todos.

4. **Pedido** – se olho de maneira mais sistêmica, sou capaz de fazer um pedido que seja bom para todo mundo, de forma sistêmica e que transcende meu ponto de vista e o da pessoa com quem estou negociando. Passo a ter uma visão mais integrativa das coisas. E os pedidos se mostram mais conscientes, pois se peço algo ao outro, não penso só em mim e no outro, mas também nas pessoas que estão ao nosso redor.

Se já compreendi que minha comunicação ocorre por meio de minhas atitudes e comportamentos e que o que o outro comunica vai muito além do óbvio, um exercício como esse tira suposições rasas dos acontecimentos que geralmente são somados à culpabilidade.

É sempre mais fácil ter suposições, gerar falsas características do problema e apontar culpados, e isso só atrasa o desenvolvimento da organização e prejudica as conexões da equipe para a construção de algo mais substancial para o cliente e para o mundo.

No pensamento sistêmico, parto do pressuposto de que nem tudo é o que parece ser e que as coisas são muito mais complexas do que aparentam. Porque o que vemos é apenas a consequência de coisas que exigem bem mais de nosso poder de compreensão e imersão de realidades distintas das que acreditamos.

Além disso, passo a entender que não há uma solução perfeita que se encaixe para situações similares, pois o mundo vive uma instabilidade em que tudo muda a todo instante e, portanto, soluções perfeitas para um evento não o são necessariamente para eventos similares que ocorrem em outras situações, com pessoas diferentes envolvidas.

E, por fim, há a intersubjetividade, que mostra que estou conectada a todos ao meu redor. Não existe a separatividade, esta é apenas uma ilusão que crio na minha mente. Se alguém está agindo de forma a não obter bons resultados, não deve ser culpado de nada, já que interferências mútuas se dão o tempo todo. Um resultado brilhante tende a ter a coparticipação de todos, assim como um resultado catastrófico também.

Isso alimenta uma maturidade maior e um processo bem mais conciso de criação em equipe. Fomenta uma cultura que promove a inovação, com novas ações que são boas para todos.

Marshall Rosenberg[36] dizia que uma decisão ruim nunca causa um efeito apenas sobre a pessoa que a tomou, mas sempre de uma maneira mais sistêmica. Um exemplo disso é quando decido trabalhar em algo que não me é prazeroso e que tampouco me dá satisfação. A priori, posso pensar que isso seria um problema meu. De certa forma, é verdade, já que estou trocando meu tempo, que é minha vida, por fazer algo nada prazeroso. Mas é verdade também que as pessoas mais próximas a mim pagam por isso da mesma forma, porque inevitavelmente eu estarei por muitas vezes mal-humorada, sem energia, reclamando da vida, e são justamente essas pessoas que estarão ali ouvindo as lamúrias ou aguentando esse processo. A empresa em que trabalho paga também, porque, por mais que eu seja extremamente responsável, meu maior potencial não está sendo entregue, e, por fim, o mundo também paga, porque cada um de nós nasceu com um propósito e eu certamente estou desperdiçando o

---

36   Rosenberg, op. cit.

meu com uma má escolha, ou seja, represento uma pessoa a menos no mundo para entregar seu melhor e seu legado.

> "Você nunca muda as coisas lutando contra a realidade existente. Para mudar alguma coisa, construa um novo modelo que torne o modelo existente obsoleto" *(Buckminster Fuller)*

Quando me questiono mais e começo a pensar de forma mais sistêmica, também amplio minha visão de comunicação para com o todo.

5.6. As perspectivas sistêmicas na comunicação

Em um processo de observação mais sistêmico, posso usar o método das perspectivas sistêmicas citado no subcapítulo 5.3. Trata-se de uma das percepções mais poderosas dentro do pensamento sistêmico, já que padrões de estrutura ocorrem repetidas vezes e percebo que um evento pode não ter sido um fato isolado. Quando ele é recorrente, é preciso entendê-lo de forma mais holística.

Como já havia citado, a ocorrência de um evento é só a ponta do iceberg, ele se dá por conta de padrões de comportamento que conduzem a ele. Por exemplo, a corrupção só ocorre porque existem padrões de comportamento que levam a isso.

Mas esse padrão ocorre por uma estrutura sistêmica que permite isso, dentro de uma sociedade e/ou empresa que, de alguma forma, deixa brechas para que esse comportamento ocorra.

Essa estrutura sistêmica parte de modelos mentais que são cultivados, ou seja, nosso sistema de crenças e valores, em uma sociedade que acredita que sempre há um "jeitinho brasileiro" para tudo, ou que semeia a ideia de que, para se dar bem, é preciso tirar vantagem em tudo.

Quando olho de forma mais sistêmica, também compreendo que, para mudar essa realidade e construir uma nova visão de futuro, é preciso entender as razões primárias e essenciais que levam determinado evento a ocorrer e se questionar: qual a visão mais apropriada a ser adotada no futuro? Que conjunto de suposições, crenças e valores ajudará a concretizar essa visão? Que tipos de estruturas sistêmicas são necessárias, ainda que inventadas ou desenhadas, para operacionalizar os novos modelos mentais e alcançar essa visão? Quais seriam os comportamentos, ao longo do tempo, dos principais indicadores, se a visão desejada se tornasse realidade? E, por fim, quais eventos ilustrariam que de fato essa visão está operando no dia a dia?

Daniel H. Kim mostra em seu estudo que a busca de se chegar ao fundo do problema leva a se programar uma série de reuniões de equipe e gerenciamento. Logo na primeira reunião, já se fala da última crise; geralmente, os membros lidam com certo entusiasmo, com suas próprias perspectivas do problema, o empenho de todos parece adequado, mas, à medida que a reunião avança, percebe-se com frequência que o grupo entra em círculos repetitivos, sem muitos elementos em comum. Na verdade, há muita comunicação, mas não há de fato um entendimento comum das causas básicas.

A matriz de Kim distingue entre diferentes níveis de visão e compreensão de uma situação. O nível eventos captura o ocorrido que indica um problema, depois em padrões se expande o horizonte de tempo, uma vez que aqui me questiono se aquilo faz parte de um padrão maior que descobri ao longo do tempo; já em estruturas sistêmicas, examino as estruturas que podem estar produzindo o padrão observado de comportamento, eventualmente arraigadas em manifestações de modelos mentais na organização. Esse entendimento leva a equipe a pensar em uma nova visão para novos eventos, que possa influenciar esses modelos mentais.

Entrar nesse processo mais profundo de análise ajuda nas mudanças mais sistêmicas, que sejam de fato boas para todos. Isso exige um trabalho em equipe e entendimento de pontos de vista diferentes para efetivamente aumentar o entendimento do nível de eventos para padrões, estruturas sistêmicas, modelos mentais e visão. Algo deu errado porque teve falhas específicas ou existe um padrão que leva a esse tipo de falha de forma recorrente? Posso descobrir que, por exemplo, não se fazem testes apropriados como padrão e que isso conduz a eventos falhos. Mas os testes não ocorriam por qual motivo? Posso descobrir que existiam equipes sobrecarregadas, em função de um modelo mental do tipo "não saber que há um problema e avançar é melhor do que saber que há um problema e avançar". Ou seja, evitam-se problemas como forma de fazer o processo rodar mais rápido. Quais as novas estruturas para que, numa visão de futuro, incidentes como esses não se repitam?

Mas aqui também entra um papel da comunicação, pois quando levantamos esses eventos, são histórias que nos são contadas, interpretações dos fatos, e não necessariamente os fatos em si. A matriz também distingue entre diferentes níveis de ver e compreender uma situação, já que no nível dos eventos captam-se histórias sobre incidentes específicos ou eventos que indicam um próximo nível de problema. Já nos padrões de comportamento, expande-se o horizonte, uma vez que, nesta fase, me questiono junto à equipe se esses eventos são individuais ou fazem parte de um padrão da empresa que se desdobrou ao longo do tempo. No nível das estruturas sistêmicas, eu olho para as estruturas que podem estar produzindo o padrão observado de comportamento, pois essas estruturas são manifestações geralmente físicas de modelos mentais profundamente arraigados da organização. Aqui a comunicação entra em um nível mais profundo de entendimento. Quando entramos no nível da visão, o grupo considera como a visão de que a organização está criando pode influenciar novos modelos mentais.

Analisar um problema ou situação em vários níveis me obriga a ir além de apenas contar uma história sobre um evento, para um ponto de alavancagem de mudança sistêmica efetiva. Ademais, fica mais fácil distinguir entre diferentes ideias e experiências, como, por exemplo, saber diferenciar entre uma situação-problema e um modelo mental predominante.

Aqui começa o trabalho de reestruturar a matriz de implantação de ação. Ao elevar a conversa dos eventos para a estrutura de sistemas e além, essa ferramenta simples pode ajudar os gerentes a terem um senso mais claro de suas próprias experiências e a usarem experiências para formular soluções mais eficazes para os problemas em questão. Abaixo, relaciono as perspectivas sistêmicas com os componentes da comunicação não violenta.

	Nível de Perspectiva	Realidade Atual	Realidade Desejada	CNV
menos alavancagem	Eventos	Quais são os eventos específicos que caracterizam a realidade atual?	Quais são os eventos específicos que demonstrariam que a visão está sendo realizada no dia a dia?	Observação
	Padrões de Comportamento	Quais são os padrões de comportamento que se repetem no sistema atual?	Quais são os padrões de comportamento desejados no sistema futuro?	Sentimentos
	Estruturas Sistêmicas	Quais estruturas sistêmicas estão produzindo o padrão de comportamento dominante no sistema atual?	Que novas estruturas sistêmicas são necessárias para operacionalizar os novos modelos mentais para conquistar a visão futura?	Cultura
	Modelos Mentais	Premissas que prevalecem, crenças, valores que sustentam a estrutura sistêmica vigente?	Quais são as premissas, crenças e valores necessários para realizar a visão futura?	Necessidades
mais alavancagem	Visão	Visão observada?	Visão futura?	Pedido

- **Eventos e observação**: eventos de um sistema são os acontecimentos que percebemos, os fatos resultantes do dia a dia. Vivemos em um mundo orientado a eventos e tendemos a reagir de forma imediata, dando uma solução de resposta ao problema, mas mesmo uma ação eficaz reativa não altera a estrutura fundamental que causou o evento. Neste nível, precisamos observar sem avaliação, julgamento, diagnóstico ou crítica, e apenas registrar o evento, de forma clara e específica.

- **Padrões de comportamento e sentimentos**: o comportamento do sistema é resultante dos padrões de comportamento que decorrem de hábitos e rotinas. Os sentimentos influenciam no comportamento do indivíduo, mas a resposta emocional é derivada da percepção da situação, do que se pensa. Como Rosenberg dizia: "O que os outros fazem pode ser o estímulo para nossos sentimentos, mas não a causa". As variações de sentimentos do grupo estão diretamente relacionadas a atender ou não às necessidades. Desequilíbrios emocionais interferem na percepção, na flexibilidade cognitiva, no humor e no engajamento de equipe.

- **Estruturas sistêmicas e a cultura**: as estruturas do sistema definem as interações entre os elementos do sistema. São as regras, as normas a serem cumpridas, as políticas. Essas relações e como flui toda a comunicação são resultantes da cultura predominante no sistema, são as manifestações concretas da cultura. As tomadas de decisão e as mecânicas de recompensa, controle, incentivo ou punição também definem as estruturas sistêmicas.

- **Modelos mentais e as necessidades**: os modelos mentais são individuais e construídos a partir das próprias experiências e de como as percebemos, diretamente relacionados a crenças e valores. As crenças predominantes daquele sistema definem os modelos mentais que sustentam as estruturas sistêmicas, resultantes do que um grupo pensa e acredita. As necessidades de cada indivíduo estão camufladas por sentimentos e comportamentos, e estão diretamente relacionadas aos modelos mentais. É fundamental descobrir as reais necessidades individuais e confrontar com as necessidades do próprio sistema.

- A **visão e o pedido**: a visão do sistema envolve tanto entender onde realmente estamos quanto imaginar onde queremos chegar. Uma visão de futuro que sinalize de forma clara e objetiva como as necessidades serão atendidas, exatamente a definição de pedido, segundo a comunicação não violenta.

5.7. O processo de comunicação sistêmica

O processo de comunicação sistêmica tem como objetivo ampliar a percepção e a compreensão da complexidade dos relacionamentos. Baseado nos níveis de perspectiva sistêmica e nos componentes da comunicação não violenta, o processo detalha a construção, passo a passo, de uma nova visão de futuro. A partir da percepção profunda dos problemas abordados, propõe a estruturação de uma solução baseada em respeito e cooperação entre todos, e envolve eleger novos modelos mentais, novas estruturas sistêmicas e metas de comportamento. A comunicação sistêmica aplicada na organização resultará em frutos para semear uma cultura de empatia.

PROCESSO DE COMUNICAÇÃO SISTÊMICA

1. Eventos
2. Padrões de Comportamento
3. Sentimentos
4. Cultura Sistêmica
5. Modelos Mentais
6. Necessidades
7. Visão Empática

Fase 1: eventos

O imediatismo e o olhar raso das circunstâncias me levam a soluções que não mudam efetivamente os cenários, já que não há profundidade de entendimento do evento de forma mais sistêmica. Entender que o que percebo e vejo é parte pequena de um processo muito mais amplo me possibilita ter consciência de que julgamentos são respostas imediatas. Críticas ou diagnósticos estão embasados em um olhar limitado e, portanto, é preciso buscar mais informações.

> **Reflexões:**
>
> O que de fato ocorreu? Quais são os pontos de vista de outras pessoas envolvidas?
>
> O que parece ter ocorrido? O que pode ter ocorrido além daquilo que julgo ser?
>
> Quais eventos eram esperados ou desejados e raramente acontecem?
>
> Esse evento é recorrente ou se trata de evento isolado?

Fase 2: padrões de comportamento

Mesmo com alto nível de generalização, é o momento de mapear os padrões de comportamentos que levam à ocorrência do evento em si. Entender que tipos de comportamentos acarretam a situação atual.

> **Reflexões:**
>
> Quais padrões de comportamento são predominantes?
>
> Quais são as rotinas percebidas?
>
> Que comportamentos praticamos que nos tornam vulneráveis às forças que queríamos evitar?

Fase 3: sentimentos

Os pensamentos e os sentimentos recorrentes de um grupo interferem diretamente nos padrões de comportamento de um sistema. Os pensamentos acrescentados de emoções provocam sentimentos. Entender sentimentos e necessidades dos indivíduos e do grupo pode ajudar na consciência e na percepção.

> **Reflexões:**
>
> Quais são as respostas emocionais percebidas?
>
> Que sentimentos predominam que podem gerar os padrões de comportamento?
>
> Como promover um ambiente de contribuição e colaboração de todos?

Fase 4: cultura sistêmica

As estruturas sistêmicas, derivadas de modelos mentais, produzem padrões de comportamento e eventos que criam a realidade. Os sistemas de controle e de recompensa também influenciam nas crenças, valores e hábitos da organização. É importante identificar quais políticas são realmente utilizadas na tomada de decisão e quais os atores dominantes do sistema que atuam nas relações de poder e influência, muitas vezes com grande liderança, dando exemplo de como pensar ou agir. Perceber com clareza e honestidade a cultura organizacional presente e deslumbrar uma visão de futuro que todos desejam construir é o primeiro passo para semear uma cultura de empatia a longo prazo.

> **Reflexões:**
>
> Que estruturas sistêmicas são responsáveis pelo padrão de comportamento percebido?
>
> Quem são os atores dominantes no sistema e quais são as relações de poder percebidas?

> Qual o desejo predominante na empresa?
>
> Quais são as políticas efetivamente utilizadas na tomada de decisão?

Fase 5: modelos mentais

Os modelos mentais, óculos que ajustam a percepção da realidade, são formados por crenças e valores. É preciso perceber as causas que provocam cenários que aumentam a probabilidade de eventos indesejados. Uma vez compreendida a cultura predominante, só consigo interferir nesta cultura efetivamente trabalhando nos modelos mentais que sustentam a visão da realidade dominante. Preciso mapear as formas, o conteúdo e os impactos das crenças que predominam no sistema e esclarecer ambiguidades a partir desse sistema de crenças.

> **Reflexões:**
>
> Quais atitudes, regras e suposições se destacam no dia a dia?
>
> Quais modelos mentais orquestram a cultura do sistema?
>
> O que se espera como comportamento de alguém que seja confiável? E o que significa ser confiável?
>
> De acordo com as crenças predominantes, o que significa ser justo ou ético?

Fase 6: necessidades

Todo comportamento é impulsionado por uma necessidade. Minhas necessidades pessoais e corporativas podem influenciar todo o sistema. Compreender que comportamentos agressivos nascem de necessidades não atendidas permite perceber a origem dos meus comportamentos e das pessoas que estão ao meu redor. Quanto maior o alinhamento entre as necessidades individuais e as organizacionais, melhores serão os índices de engajamento e comprometimento.

> **Reflexões:**
>
> Quais são minhas necessidades pessoais?
>
> Quais são as necessidades do grupo?
>
> Quais são as necessidades estratégicas da organização?
>
> Que medidas podem ser tomadas para alinhar as necessidades individuais e da organização?

Fase 7: visão empática

Com uma maior clareza e entendimento diante de um cenário complexo entre conflitos e necessidades, é possível ter uma visão mais empática da realidade e por que faço o que faço, onde estou e aonde quero chegar. O pedido, segundo a comunicação não violenta, é uma expressão concreta e clara do que realmente é necessário a partir do que se sente, sem distorções ou omissões. Esse é o momento de eleger o pedido que traga ganhos coletivos, com empatia, e construir a visão de futuro do que queremos realmente realizar. Aqui é um processo de negociação integrativa, com busca de ganhos para mim, para o outro e para o meio em que estamos.

> **Reflexões:**
>
> Que tipo de visão desenvolvo para gerar ganhos coletivos?
>
> Qual pedido atende às minhas necessidades, da pessoa que está envolvida no processo e do grupo?
>
> Como gerar soluções que sejam boas para todos?
>
> Qual seria a nova visão de futuro que todos queremos construir?

5.8. A empatia circular

> "Por mais egoísta que se suponha que um homem seja, existem evidentemente alguns princípios em sua natureza que lhe despertam interesse na sorte dos outros e tornam a felicidade destes necessária a ele. Que nós seguidamente sofremos pelo sofrimento alheio é algo, de fato, tão óbvio que não necessitamos de exemplos para provar" *(Adam Smith, Teoria dos sentimentos morais)*

Segundo Kotler e Keller[37], o processo de criação de valor se divide em seleção, entrega e comunicação do valor para ter entendimento do real problema e oferecer a solução de melhor encaixe, mais viável e de maior impacto da experiência do consumidor. No processo de empatia circular, o processo de resgate de valor antecede o de entrega de valor, ou seja, resgate de valores humanos. Trata-se da criatividade pela diversidade, capturando conhecimento e sabedoria organizacional por meio de uma comunicação eficiente e promovendo práticas inclusivas por meio de ética e equidade.

Empatia circular é um processo de aprendizado e não um estado. É preciso entender a interdependência das relações humanas para gerar percepção do valor de cada um na cadeia, sem perder a autoempatia, ou seja, minhas próprias necessidades e sentimentos. Assim, sou capaz de gerar empatia por meio da intercomunicação e, com isso, uma empatia mais organizacional, até chegar a um nível de consciência de uma empatia social e planetária que desenvolve conceitos de sustentabilidade.

---

[37] Philip Kotler e Kevin Lane Keller, *Marketing Management*, 12. ed., Upper Saddle River, Prentice Hall, 2006.

> "Ação de compreender, estar ciente, ser sensível e praticar indiretamente os sentimentos, pensamentos e experiências de outro, seja do passado ou presente, sem ter os sentimentos, pensamentos e experiências plenamente comunicados de uma maneira objetivamente explícita" (empatia segundo o dicionário *Merriam-Webster*)

Segundo Robert L. Barker[38], o processo de empatia pode ser resumido no "ato de perceber, entender, experimentar e responder ao estado emocional e ideias de outra pessoa". Em poucas palavras, a empatia é um processo de:

1. Perceber a outra pessoa e sua situação emocional.
2. Modelar mentalmente a situação da pessoa, seus pensamentos e sentimentos.
3. Sentir-se semelhante à forma como a outra pessoa sente.
4. Responder à situação e a experiências da outra pessoa.

Figura: Processo de empatia segundo Barker[39]

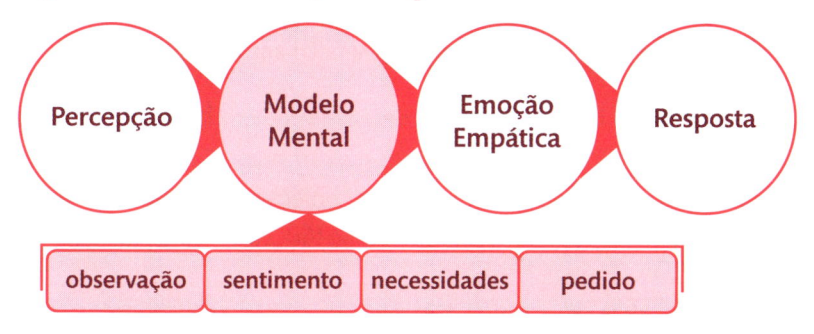

Percepção → Modelo Mental → Emoção Empática → Resposta

- observação
- sentimento
- necessidades
- pedido

---

38 Robert L. Barker, *The Social Work Dictionary*, Washington, NASW Press, 2003.

39 Ibidem; Simon Baron-Cohen e Sally Wheelwright, The Empathy Quotient: an Investigation of Adults with Asperger Syndrome or High Functioning Autism, and Normal Sex Differences, *Journal of Autism and Developmental Disorders*, v. 34, n. 2, p. 163-175, abr. 2004.

5. O CIRCULAR E O SENSO COLETIVO

O desafio de inovar de forma sistêmica e empática em uma cultura que tende a perpetuar um comportamento consolidado pela economia linear nasce da percepção de que o desenvolvimento humano coletivo precisa não só acompanhar o desenvolvimento econômico e tecnológico, mas ambos se moverem em direção a um reequilíbrio integral.

> "Uma força de trabalho diversificada reúne diferentes pontos fortes, uma variedade de experiências, uma enorme amplitude de conhecimento e uma riqueza de técnicas criativas de resolução de problemas. No entanto, para alavancar os benefícios dessa força de trabalho diversificada, as empresas devem ser inclusivas. A inclusão garante que os funcionários se sintam apoiados, tratados de forma justa e, portanto, sejam mais felizes, mais engajados e mais produtivos" *(Stephen Frost)*[40]

A cultura da empatia pode ser desenvolvida e, com ela, trazer inclusão e equidade, um modelo mental de sustentabilidade e justiça de oportunidades sem discriminação. Assim, modelos de negócios e práticas de inovação podem ser criados com o foco de minimizar obstáculos na execução de tarefas e gerar experiência do serviço entregue ao cliente.

Antes de falar de inovação, preciso desenvolver a empatia pelas diferenças, e tanto as políticas organizacionais quanto as sociais devem respeitar o colaborador acima de tudo. O exemplo começa nos valores da empresa e como são exercidos na prática, dentro ou fora da corporação.

> "A diversidade é uma realidade, a inclusão é uma escolha" *(Stephen Frost)*

---

[40] Especialista globalmente reconhecido em diversidade, inclusão e liderança, autor de *The Inclusion Imperative*.

5.8. A empatia circular

Sempre defendo a necessidade humana natural de inclusão, por isso, dentro de um cenário organizacional, inclusão ou estado de ser incluído são um paradigma de abrangência que parte da premissa de que todos temos limitações, mas também talentos e capacitações, não devendo ser descartado tal capital humano sem um esforço organizacional de praticar a equidade. Veja que aqui falo de equidade e não de igualdade, pois a igualdade trata por igual a todos, mas tratar por igual não quer dizer que todos terão as mesmas condições. Já a equidade eu trato de acordo com a necessidade de cada um, dando a todos as mesmas oportunidades dentro do que cada um necessita.

Sempre falo que se você sempre procede da mesma forma com seus filhos algo está errado, pois cada um tem necessidades diferentes. Por isso que, na empatia circular, pensamos primeiramente em dar condições iguais a todos analisando cada contexto e cada limitação de forma singular.

As soluções que envolvem adaptação, flexibilidade e possibilidades devem ser buscadas para oferecer oportunidades justas para todos dentro da diversidade. Trata-se de valorizar todos os indivíduos, dando igualdade de acesso e oportunidade a todos e eliminando a discriminação.

Não me refiro apenas a uma questão de preconceito, mas também ao paradigma organizacional de culpabilidade, ou seja, de buscar um único responsável por um erro processual. Quando pensamos dentro do paradigma sistêmico, entendemos que não existe um único culpado e também não existe uma única pessoa que brilhou. Para que alguém erre, há várias coisas que ocorrem que remetem ao erro, assim como para alguém brilhar, várias pessoas também trabalharam para que isso ocorresse. Sem tirar responsabilidades ou méritos, a verdade é que somos sempre corresponsáveis, e erros podem ser uma oportunidade de rever o processo e gerar aprendizado organizacional, com mudanças na tomada de decisão e uma abordagem mais sistêmica do problema.

> "Pesquisas mostram que organizações altamente inclusivas geram mais fluxo de caixa e mais receita do que organizações não inclusivas. As primeiras também são mais inovadoras e mais capazes de se adaptar a mudanças" (Jurgen Appelo)

Uma cultura de inovação que nasce de uma cultura da empatia tem maior probabilidade de soluções com impactos profundos e não violentos, tanto na organização como na sociedade. Antes de inovar com entrega de valor, é preciso um resgate de valor, que envolve equidade e inclusão. O paradigma da abundância é quase um paradoxo: mesmo com total sentido na razão, é desafiado pela complexidade da realidade atual.

Enfatizo a inovação como um processo de busca por melhoria contínua e retenção do conhecimento por meio do aprendizado organizacional. Sendo assim, a gestão da capacitação dos colaboradores se torna especial para estratégia corporativa de longo prazo. No artigo "Deep Learning for a Sustainability Mindset", publicado pelo *The International Journal of Management Education*, os autores Jan Hermes e Isabel Rimanoczy construíram um modelo conceitual para o desenvolvimento de uma mentalidade de sustentabilidade, visando aplicação na gestão da educação em quatro pilares:

- A visão ecológica;
- A perspectiva sistêmica;
- A inteligência espiritual;
- A inteligência emocional.

O estudo defende a importância de incentivar esses modelos mentais de forma que gerem frutos a longo prazo, sustentando iniciativas colaborativas e empáticas de inovação: o emocional e o "ser" são aspectos-base para a criação de uma nova mentalidade, conforme a imagem a seguir.

Figura: Ação de inovação e colaboração[41]

Visão Ecológica
Conhecimento (Pensamento): Alfabetização ecológica
Valores (Ser): orientação biosférica
Competência (fazer): ação protetora / restauradora

Perspectiva Sistêmica
Conhecimento (pensamento): Teoria de Sistemas
Valores (ser): senso de interconexão
Competência (fazer): engajamento entre partes interessadas

Ação de Inovação e Colaboração

Inteligência Espiritual
Conhecimento (Pensamento): propósito, missão
Valores (Ser): unidade com tudo o que é
Competência (fazer): práticas contemplativas

Inteligência emocional
Conhecimento (Pensamento): auto / outra consciência
Valores (Ser): compaixão
Competência (fazer): sensibilidade global pró-ativa

O amadurecimento de um processo de inovação nasce na revisão de modelos mentais que percebam alternativas de empreendimento com base na economia de empatia e economia circular, semeando e praticando conceitos como sustentabilidade, diversidade, equidade e inclusão.

---

41 Jan Hermes e Isabel Rimanoczy, Deep Learning for a Sustainability Mindset, *The International Journal of Management Education*, reproduzido de Kerul Kassel, Isabel Rimanoczy e Shelley Mitchell, A Sustainable Mindset Model for Education, in: Isabel Rimanoczy e Kerul Kassel (eds.), *Developing a Sustainability Mindset in Management Education*, Abingdon, Routledge, 2018.

5.9. A economia da empatia

> "Eu nasci em 2027. Depois das secas de xarope de milho, depois dos tumultos de largura de banda. Depois que **as pessoas pararam de tentar consertar problemas e apenas tentaram sobreviver a eles**. Meus pais, eles não passaram dos tempos, então eu moro aqui em Columbus, Ohio, com minha tia Alice. Em 2045, Colombo é a cidade que mais cresce na Terra. É onde Halliday e Morrow começaram os Gregarious Games. Nos dias de hoje, a realidade é uma chatice. Todo mundo está procurando uma maneira de escapar, e é por isso que Halliday. É por isso que ele era um herói para nós. Ele nos mostrou que poderíamos ir a algum lugar sem ir a lugar algum. Você não precisa de um destino quando está correndo em uma esteira onidirecional com base quádrupla sensível à pressão. James Halliday viu o futuro. E então ele construiu. Ele nos deu um lugar para ir. Um lugar chamado Oasis"[42]

Parar de resolver problemas e tentar sobreviver a eles é negar a evolução natural do ser humano. Desafios pessoais e coletivos estão interconectados. Perceber isso traz responsabilidade, e para contribuir para a mudança são necessárias aceitação e empatia, em vez de revolta e culpabilidade. É preciso aprender com as dores em vez de ressenti-las. Ouvir em vez de reclamar. Resgatar a conexão humana e evoluir com a diversidade.

O mundo está conectado e ao mesmo tempo perdendo as conexões humanas. Há fácil acesso na internet, e o internauta possui um poder nunca visto antes de registrar uma reclamação e isso viralizar nas redes sociais. A exposição das corporações ganhou maior escala.

---

42   Citação do personagem Wade do filme de ficção científica *Ready Player One*, de Steven Spielberg. O futuro se centra no jovem que tem como rotina fugir da realidade para buscar significado e sentido entrando no jogo MMO chamado Oasis.

5.9. A economia da empatia

Como diria Zygmunt Bauman, grande sociólogo e criador do termo tempos líquidos, trazendo uma crítica à sociedade moderna que ele chama de líquida, vivemos em um mundo em que as relações não são sólidas, portanto, em uma época na qual o longo prazo é cada vez mais curto e o impulso predomina. Automóveis, computadores ou telefones celulares perfeitamente usáveis, em bom estado e em condições de funcionamento satisfatórias, são considerados, sem remorso, como um monte de lixo no instante em que "novas e aperfeiçoadas versões" aparecem nas lojas e se tornam o assunto do momento. Como questiona Bauman, há alguma razão para que as parcerias sejam consideradas uma exceção à regra?

Por outro lado, fazer a diferença hoje em dia está muito atrelado ao resgate de confiança, já que há um consenso de que o capitalismo, de modo geral, fracassou em relação ao meio ambiente, e a educação e a saúde ficaram elitizadas. O cliente espera uma consciência corporativa e exige um compromisso de empatia, em uma espécie de humanidade corporativa, ética, e em marcas que inspirem significados.

Na economia da empatia, a economia é centrada no ser humano, valoriza a empatia, e os negócios dependem de relevância e propósito. É preciso haver uma sinergia entre o propósito da empresa e propósito pessoal do cliente, de modo que haja entendimento profundo e adaptação às necessidades do cliente. Quanto mais profundamente percebemos o cliente, melhor a personalização dos produtos e serviços oferecidos, bem como maior é a relevância da experiência de consumo na vida deles.

A economia da empatia surge com esse intuito, de ser centrada no ser humano, de valorizar a empatia nos negócios e gerar relevância e propósito nas corporações. Quando a comunicação passa a ser mais profunda, é possível se adequar às reais necessidades dos clientes. A empatia passa a ser percebida no relacionamento com o cliente e na experiência com o produto ou serviço, e deixa de ser apenas filosofia expressa em palavras. Para personalizar produtos e serviços oferecidos e gerar experiências relevantes, é preciso perceber e entender os clientes em um nível mais profundo.

Conhecer estilo de vida e hábitos de consumo dos meus clientes, treinamentos que simulem situações sociais, compreender sentimentos e necessidades, saber lidar com conflitos e estabelecer um *rapport* com meus clientes passa a ser requisito básico nos dias de hoje. Por isso, a comunicação com o cliente se tornou um dos pontos mais estratégicos e relevantes para as empresas, já que é por meio dela que a empresa expressará seus valores, seja pelo comercial, seja pelo atendimento, seja pela experiência do serviço.

Afinal, atender é relacionar-se e, segundo Bauman, o fracasso no relacionamento é, com grande frequência, um fracasso na comunicação. A comunicação empática passa a ser a ferramenta mais poderosa e necessária nesse contexto. A comunicação sistêmica, além de empática, permite, a cada revelação compartilhada, uma expansão de consciência e percepção.

5.10. O processo de empatia circular

O processo de empatia circular é complexo e envolve atitudes de ética, de perceber respeitosamente o outro em relação à diversidade e às próprias necessidades correlacionadas. Assim, denominamos de processo de empatia circular o processo não linear de modelagem de uma cultura de empatia na qual se propõe construir, a partir de uma visão de futuro colaborativa e de percepção sistêmica, modelos mentais que propiciem padrões de comportamentos organizacionais que preservem o capital humano. Com o objetivo constante de busca do realinhamento entre os objetivos estratégicos da empresa e as necessidades individuais, maximizamos o engajamento e o comprometimento do colaborador entre a máxima contribuição organizacional e a máxima satisfação possíveis.

PROCESSO DE EMPATIA CIRCULAR

1. Visão Empática
2. Modelos Mentais
3. Cultura de Empatia
4. Padrões de Comportamento
5. Equidade
6. Inclusão
7. Resgate de Valor

Fase 1: a visão empática

Escolho uma visão de futuro na qual enfrento o processo árduo de trabalhar os modelos mentais individualizados para o consenso coletivo e acredito que, em equipe, a construção da realidade ocorre com criatividade, empatia e senso de propósito.

> **Reflexões:**
>
> Qual é a nova visão empática que projetamos para o futuro?
>
> Quais são as motivações intrínsecas e extrínsecas do grupo para essa nova visão?
>
> Quais são os ganhos coletivos com essa ação?

Fase 2: os modelos mentais para a empatia

A inteligência emocional e a inteligência espiritual são base para o desenvolvimento de uma mentalidade sustentável e empática. Momento de definir quais crenças e valores serão os alicerces para a nova visão de futuro desejada, fundamentando as estruturas sistêmicas de uma nova cultura e influenciando novos comportamentos a longo prazo.

> **Reflexões:**
>
> Quais são as crenças e os valores congruentes com a nova visão de empatia?
>
> Quais modelos mentais sustentarão uma nova cultura de empatia?
>
> Que comportamentos são incentivados no grupo para gerar esse modelo empático?

Fase 3: a cultura da empatia

Construir uma cultura de empatia de forma circular é um processo de melhoria contínua, de aprendizado das interdependências das relações humanas. Começa na autoempatia, transita pela empatia com as pessoas que se relacionam comigo e vai até a empatia organizacional, que influencia na concepção de um produto ou serviço.

Nesta fase, é importante definir quais novas políticas devem ser reformuladas ou criadas para viabilizar as tomadas de decisão. As relações de poder e influência devem estar congruentes para sustentar esse processo. Os líderes da organização têm papel fundamental na disseminação da mudança de cultura dos novos modelos mentais.

> **Reflexões:**
>
> Que estruturas sistêmicas devemos construir para promover a cultura de empatia?
>
> Como serão as novas políticas que influenciarão no fluxo de trabalho e nas tomadas de decisão?
>
> Como estamos construindo produtos e serviços?
>
> Como será o papel das lideranças em relação à nova cultura de empatia?

Fase 4: os padrões de comportamento para a empatia

A observação dos eventos sem julgamento por um determinado período propicia melhores condições para a identificação de padrões comportamentais. O investimento nos ganhos contínuos de percepção e o aprendizado comportamental estimulam, ao longo do tempo, ações influenciadas por valores como equidade e inclusão. Por exemplo, incentivar oportunidades que se adaptem de forma flexível às limitações e capacidades do time ou projetos que não marginalizem talentos, capacitações ou ideias.

> **Reflexões:**
>
> Quais padrões de comportamento queremos que a cultura impulsione?
>
> Quais novas rotinas de trabalho gostaríamos de promover?
>
> Quais novos hábitos devem ser desenvolvidos para contribuir para a nova visão de empatia?

Fase 5: a equidade

Os eventos são caracterizados por padrões de comportamento. Equidade organizacional é a prática de modelos organizacionais que ofereça oportunidades em que cada colaborador, de acordo com seu talento, capacitações e limites, receba condições justas para exercer seu potencial, contribuir e atingir resultados em prol da corporação. Nesta fase, é necessário eleger quais ações ou projetos devem ser realizados para que ocorram mudanças efetivas na organização que demonstrem a equidade na prática.

> **Reflexões:**
>
> Quais eventos tangíveis comprovariam estratégias e práticas de equidade?
>
> Conhecemos os talentos de toda a equipe? Aproveitamos esses talentos de forma estratégica?
>
> Como seriam evidenciados os eventos em uma rotina de trabalho que promova a equidade?

Fase 6: a inclusão

A inclusão real é um paradigma de abrangência que parte da premissa de que todos temos limitações, mas também talentos e capacitações. A diversidade e a inclusão, além de melhorarem as tomadas de decisão, impulsionam o engajamento e a produtividade. É o momento de definir estratégias inclusivas de melhor aproveitamento da diversidade na organização. A diversidade é o fator primordial para criar ambientes propícios de criatividade e geração de novas ideias, preparação essencial para um processo de inovação.

> **Reflexões:**
>
> Quais eventos concretos indicariam ações inclusivas na organização?
>
> Como seriam evidenciados os eventos em uma rotina de trabalho que promova a inclusão?
>
> Quais eventos tangíveis evidenciariam o aproveitamento da diversidade como potencial criativo na organização?
>
> As pessoas se sentem respeitadas?

Fase 7: o resgate dos valores humanos

O resultado desejado deste processo é mapear uma estratégia de negócios que promova uma cultura de empatia, de práticas concretas de inclusão e equidade como orientação de como inovar. É o cultivo de um resgate de valores das relações humanas e do capital humano que precede a entrega de valor.

> **Reflexões:**
>
> Como seria percebido o fluxo de trabalho em uma realidade na qual houvesse resgate de valor precedendo a entrega de valor?
>
> Quais seriam os principais eventos percebidos que caracterizariam o surgimento de uma cultura de empatia?
>
> Quais seriam os principais eventos que indicariam que a realidade idealizada foi alcançada?
>
> O que percebemos no dia a dia que ainda podemos melhorar para promover uma cultura de empatia?

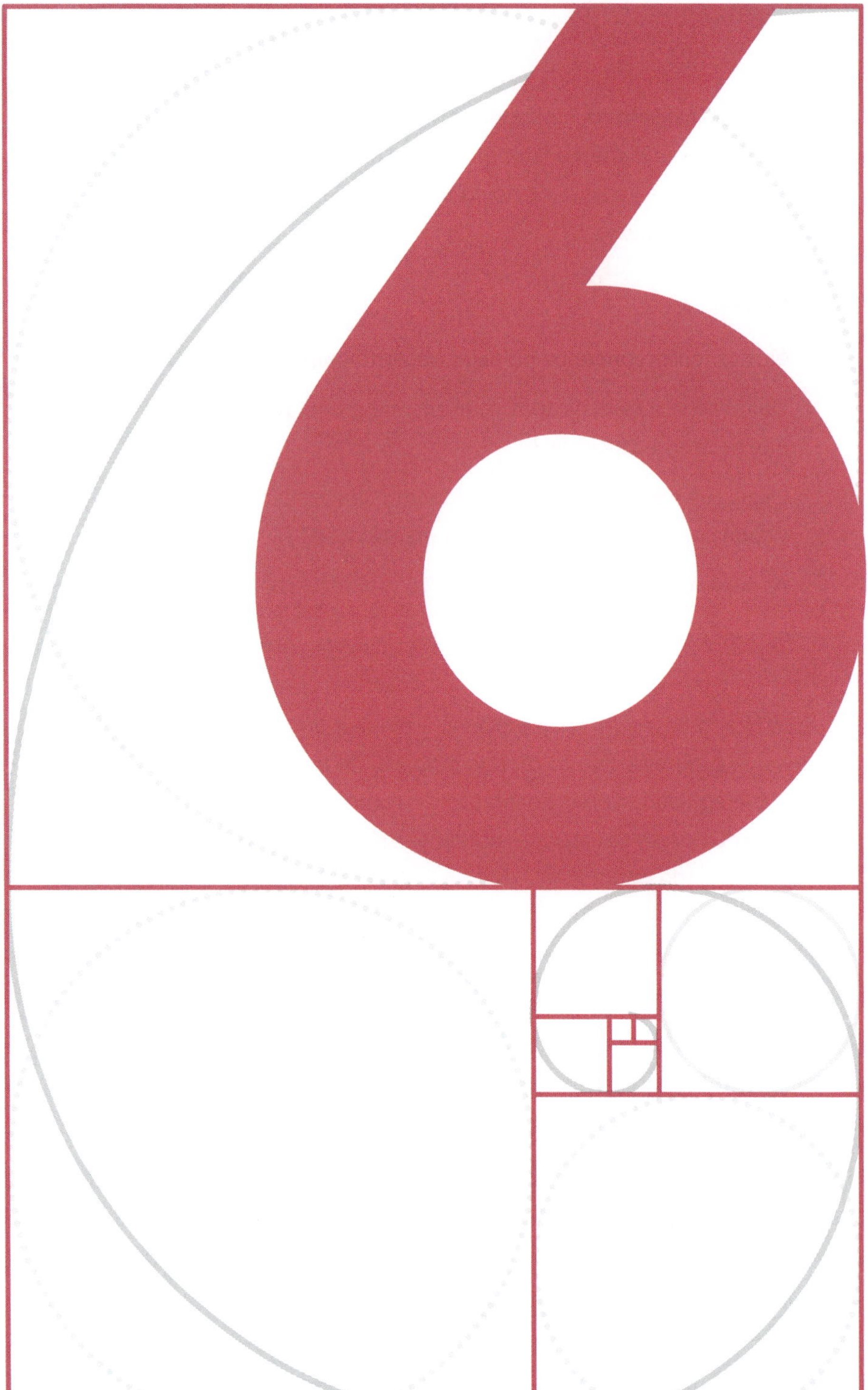
6

6. PROPOSTA DE VALOR CIRCULAR

6.1. Entrega de valor

> Cientista comportamental pioneiro no pensamento sistêmico, o dr. Russell Ackoff foi entrevistado em 2001 por Phyllis Haynes. O trecho a seguir mostra o seu brilhantismo ao desenvolver a diferença dos conceitos de eficácia e eficiência a partir de Peter Drucker:
>
> "Fazer a coisa certa é sabedoria, eficácia. Fazer as coisas do jeito certo é eficiência. Quanto mais certo você fizer a coisa errada, mais errado você se torna. Quando você comete um erro e o corrige tentando fazer a coisa certa, você se torna mais certo. Portanto, é melhor fazer a coisa certa do jeito errado do que a coisa errada do jeito certo."

Ao escutarem algo sobre "entrega de valor", muitos relacionam isso apenas a uma boa estratégia de marketing. Uma proposta de valor consistente já nasce bem antes da inovação, ou pelo menos deveria. Observar os comportamentos do público-alvo, perceber sentimentos e necessidades não atendidas para uma ideação da possível solução. Tudo começa com um propósito e uma compreensão profunda do mercado no qual a empresa atua.

Uma proposta de valor está diretamente relacionada à eficiência do quanto a experiência daquele produto ou serviço impacta na resolução do problema do cliente. A empatia cria autenticidade quando os clientes em potencial percebem que a marca representa pessoas interessadas em ajudar você, oferecendo soluções feitas sob medida.

As empresas se habituaram a valorizar o ganho de eficiência, fazer mais com menos, buscar mais produtividade com menos custos, enfatizando aspectos objetivos. A eficácia já está relacionada a aspectos mais subjetivos, como a criatividade, se há qualidade dos resultados além da quantidade, a direção para onde o sucesso está apontando. Estamos no caminho certo?

Diante de tanta complexidade e incertezas, muitos paradigmas estão sendo transformados e provocados com a economia circular. Isso nos faz lembrar de que não se trata apenas de respeitar ou cuidar da natureza, somos partes integrantes dela e nossos sistemas de produção e consumo também deveriam ser, mas a quantidade de lixo que produzimos prova que não.

6.2. A economia circular

Tudo começou quando percebemos que os recursos que usamos são finitos, os custos de extraí-los se elevam a cada dia e o lixo que criamos não para de crescer. Uma das mais relevantes publicações sobre design e economia circular é o livro Cradle to Cradle, de Michael Braungart e William McDonough,[43] que propõe a criação de processos e soluções integrados entre o ciclo biológico de produtos de consumo e o ciclo técnico de produtos e serviços. Traz novos paradigmas no que tange a como explorar a biodiversidade, as energias renováveis, e ao conceito de lixo abandonado: os resíduos são nutrientes que retroalimentam o ciclo produtivo.

Aliás, adoro a frase de uma designer, a Daniela Lerário, que fala: "O lixo é um erro de design". A Ellen MacArthur Foundation[44] reitera como a economia circular envolve resgatar a eficácia sistêmica:

---

43   Michael Braungart e William McDonough, Cradle to Cradle: criar e reciclar ilimitadamente (e-book), São Paulo, Gustavo Gili, 2014.

44   A Ellen MacArthur Foundation é uma das pioneiras e autoridades em economia circular; junto com a Ideo, tem desenvolvido também o tema de design circular. Ellen MacArthur Foundation, Concept: What Is a Circular Economy? A Framework for an Economy That Is Restorative and Regenerative by Design. Disponível em: <https://www.ellenmacarthurfoundation.org/circular-economy/concept>. Acesso em: 21 nov. 2020.

Em uma economia circular, a atividade econômica constrói e reconstrói a saúde geral do sistema. O conceito reconhece a importância de a economia funcionar de forma eficaz em todas as escalas – para grandes e pequenas empresas, para organizações e indivíduos, global e localmente.

A transição para uma economia circular não significa apenas ajustes que visam reduzir os impactos negativos da economia linear. Em vez disso, representa uma mudança sistêmica que constrói resiliência de longo prazo, gera negócios e oportunidades econômicas e fornece benefícios ambientais e sociais.

A economia circular nasce de uma estratégia de busca de maior eficácia entre natureza, sociedade e negócios envolvendo desde os estágios iniciais de design, para desenvolver produtos e serviços através de processos integrados, regenerativos e restaurativos. Só reciclar não é o suficiente, os produtos devem ser restaurados, recuperados, remanufaturados.

Definição de economia circular

A definição de economia circular segundo a Ellen MacArthur Foundation, uma das maiores autoridades no assunto, é:

> "Uma nova maneira de projetar, criar e usar as coisas dentro dos limites planetários. Uma estrutura para uma economia que é restaurativa e regenerativa por design".

6. PROPOSTA DE VALOR CIRCULAR

Figura – Dinâmica da economia circular

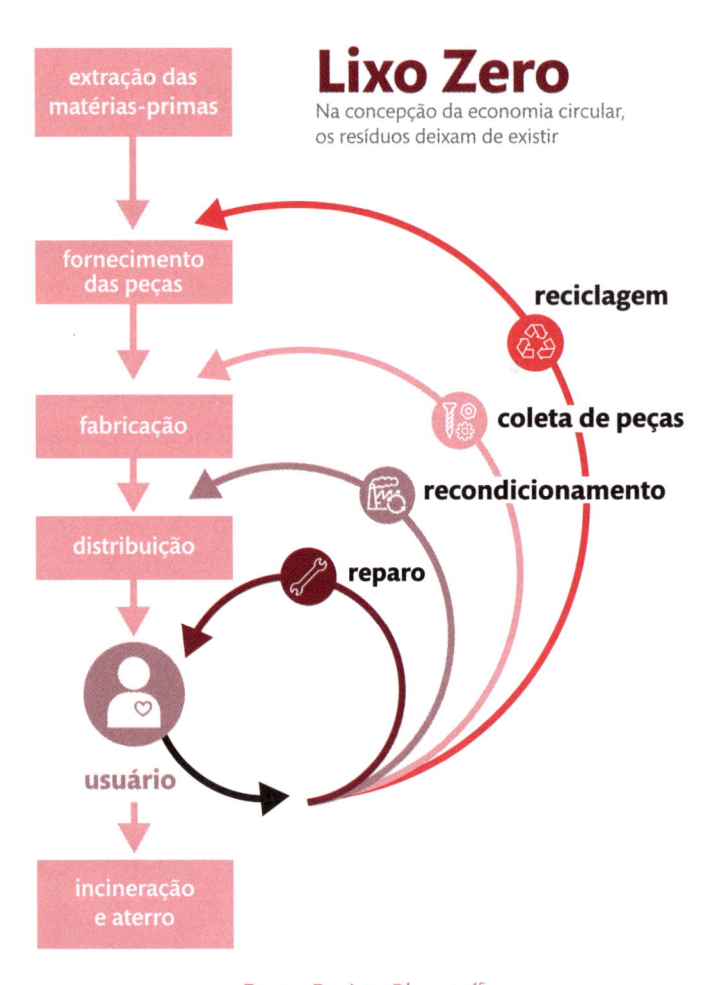

- extração das matérias-primas
- fornecimento das peças
- fabricação
- distribuição
- usuário
- incineração e aterro

Lixo Zero
Na concepção da economia circular, os resíduos deixam de existir

- reciclagem
- coleta de peças
- recondicionamento
- reparo

Fonte: Revista Planeta[45]

---

45 Disponível em: <http://autossustentavel.com/2018/04/economia-circular-uma-nova-economia.html>. Acesso em: 19 jun. 2019.

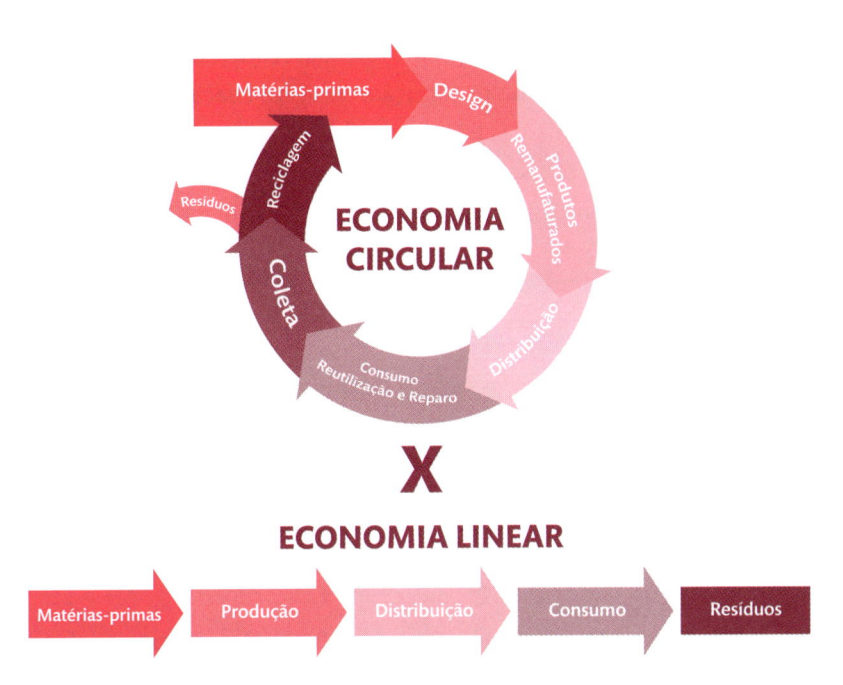

Figura – Economia circular x economia linear

Fonte: site Autossustentável[46]

O termo economia circular surge como oposição à economia linear, em que os resíduos eram o caminho final, levando a descartes e mais extração de matéria-prima da natureza sem nenhuma preocupação com os impactos ambientais. A economia circular surge como uma maneira de nos conduzir a uma nova consciência, conforme podemos ver nas imagens acima, trazendo um novo pensamento ao design nessa cadeia. Assim, elementos biológicos e técnicos do sistema podem ser remanufaturados, reutilizados, reparados e reciclados.

---

46 Aline Lazzarotto, Economia circular: a urgência de uma nova economia, *Autossustentável*, 9 abr. 2018. Disponível em: <http://autossustentavel.com/2018/04/economia-circular-uma-nova-economia.html>. Acesso em: 19 jun. 2019.

6.3. O que é proposta de valor circular?

A maioria de nós ainda vive na normose da economia linear: extrair, produzir e descartar. A cada negociação, solução, criação ou inovação, estamos decidindo caminhar para a transição da economia linear para a circular, ou não. A proposta de valor circular amplia a percepção da eficácia do que estamos oferecendo, estendendo a percepção de valor para quatro dimensões:

1. Valor funcional

O valor proposto está relacionado à experiência do usuário, aos benefícios individuais e aos impactos positivos de como aquela solução resolve o problema que causa a necessidade não atendida. É uma percepção mais qualitativa do desempenho do produto ou serviço.

2. Valor econômico

O valor proposto está relacionado a custo, preço e disponibilidade no que tange ao desempenho. Atrelado ao ciclo de vida econômico do produto, é uma percepção mais quantitativa do desempenho do produto ou serviço.

3. Valor social

Neste prisma, a proposta de valor está focada na experiência compartilhada, no sentimento do cliente em relação à marca, muitas vezes de pertencimento a um movimento coletivo ou significado intrínseco. O propósito percebido da empresa tem afinidade com meu propósito? A marca se conecta com pessoas que compartilham os mesmos princípios e valores? A solução proposta atende a aspectos sociais?

4. Valor ambiental

O valor percebido aqui é o de como a entrega impacta o ecossistema, os sistemas naturais integrados ao produto ou serviço, relacionados ao ciclo de vida de impacto ambiental, seja ele positivo ou negativo. Como a solução do problema afeta a saúde humana, a qualidade dos ecossistemas e os esgotamentos de recursos. A entrega de valor agride ou contribui para o planeta?

Decerto, já temos ótimas inovações no mercado que não são tão efetivas em todos os aspectos funcionais, econômicos, sociais e ambientais. Mas precisamos continuar caminhando nessa direção, de enriquecer nossa entrega de valor. Precisamos inovar além dos nossos egos, investir em eficácia com eficiência sem violar a vida. Claro que nem sempre é possível atingir todos esses aspectos, mas o fato de isso ser cultivado como cultura nas empresas leva à busca contínua de soluções que sejam, cada vez mais, abrangentes nesse sentido.

6.4. A proposta de valor circular e a CNV

E no que uma proposta de valor circular se conecta com a comunicação não violenta? Em tudo. Começamos a violar a natureza quando não percebemos que somos parte dela, por isso, a meu ver, a inovação começa de dentro para fora. É um processo de autoconexão e entendimento de nós mesmos somado à empatia com as pessoas ao nosso redor. Um processo que nos faz perceber que problemas sociais e ambientais são responsabilidade de todos. Incentivar e promover um modelo circular é mudar o modelo mental do individualismo, que começa nas nossas rotinas, com nossas relações. O que ocorre nas pequenas interações é uma amostragem do que se passa nas grandes interações.

Isso requer muito diálogo, escuta ativa, empatia e visão sistêmica, como qualquer processo de crescimento e aprendizado. A cada ganho de percepção de problemas ambientais e sociais, aumenta nossa responsabilidade de resolvê-los.

Em cenários disruptivos e complexos, é preciso gerar consciência e percepção quanto a diversidade, inclusão, sustentabilidade, entre tantas crenças que nos limitam e não nos permitem sentir além de nós mesmos. Por isso, quanto mais práticas efetivas de equidade e cultivo de diálogos não violentos, mais sementes de criatividade terão em um processo de inovação.

Nunca foi tão relevante a prática de questionar seus julgamentos, perceber as emoções e sentimentos envolvidos e diagnosticar a necessidade não atendida de todos os que integram um processo de inovação. As dores dos clientes são efeitos colaterais de necessidades não atendidas e, apesar de estarem mais próximas do verdadeiro problema, não são necessariamente a causa-raiz. Por isso, é por meio dos olhares distintos, da divergência de opiniões, dos olhares complementares de ideias e da construção de um ponto de vista consensual a partir de um diálogo empático que descobrimos a verdadeira causa e revemos os comportamentos e crenças de um grupo na sociedade ou de um time nas organizações.

As lacunas entre as inspirações da economia circular e os problemas práticos nas organizações só diminuirão se culturas de silêncio e polarização de ideias derem abertura para uma cultura de feedback, transparência, tolerância e confiança. Os colaboradores precisam se sentir seguros profissionalmente para questionar, argumentar ou discordar sem que a agressão e a arrogância prevaleçam. O foco não é estar certo, mas, sim, fazer dar certo!

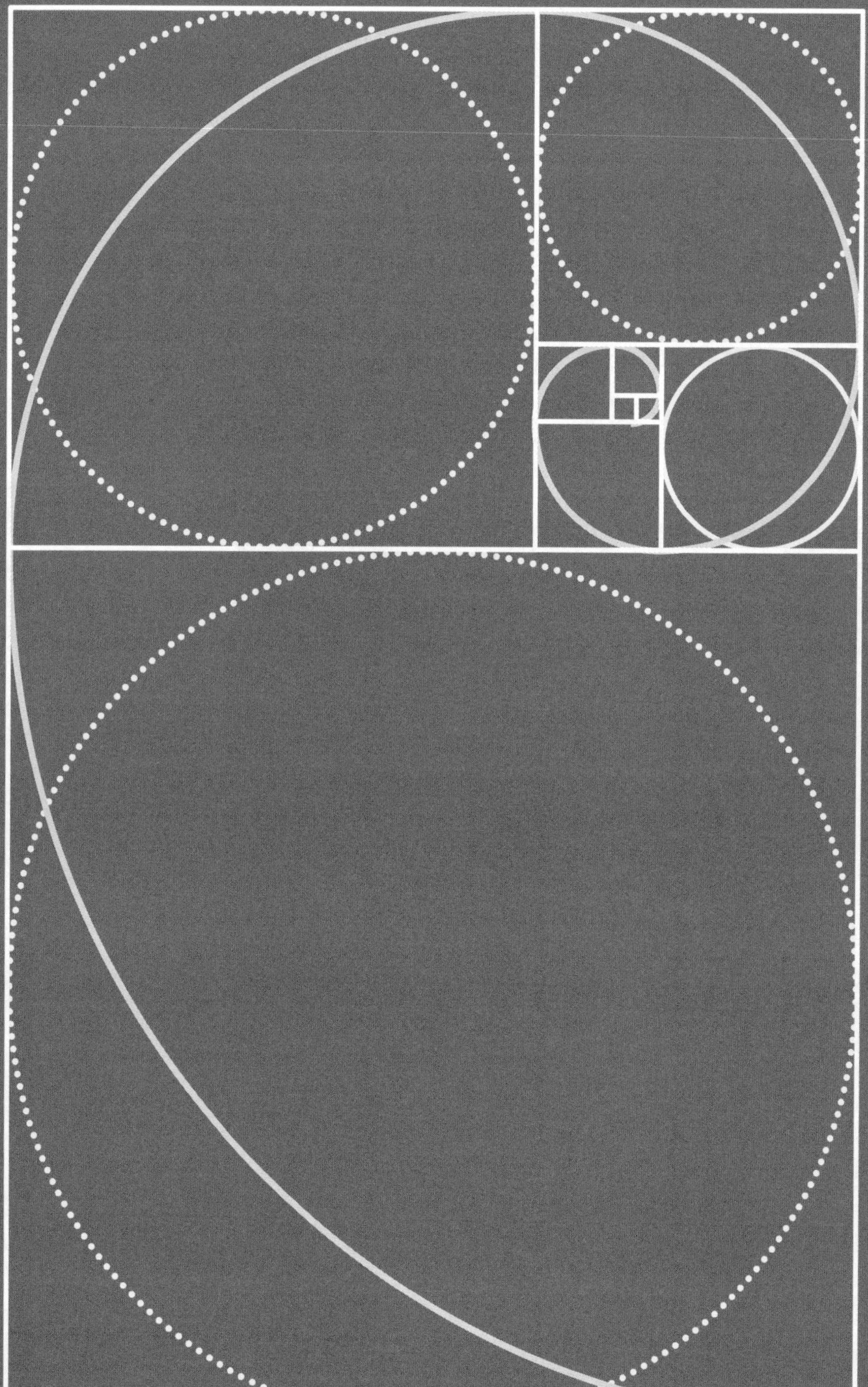

7

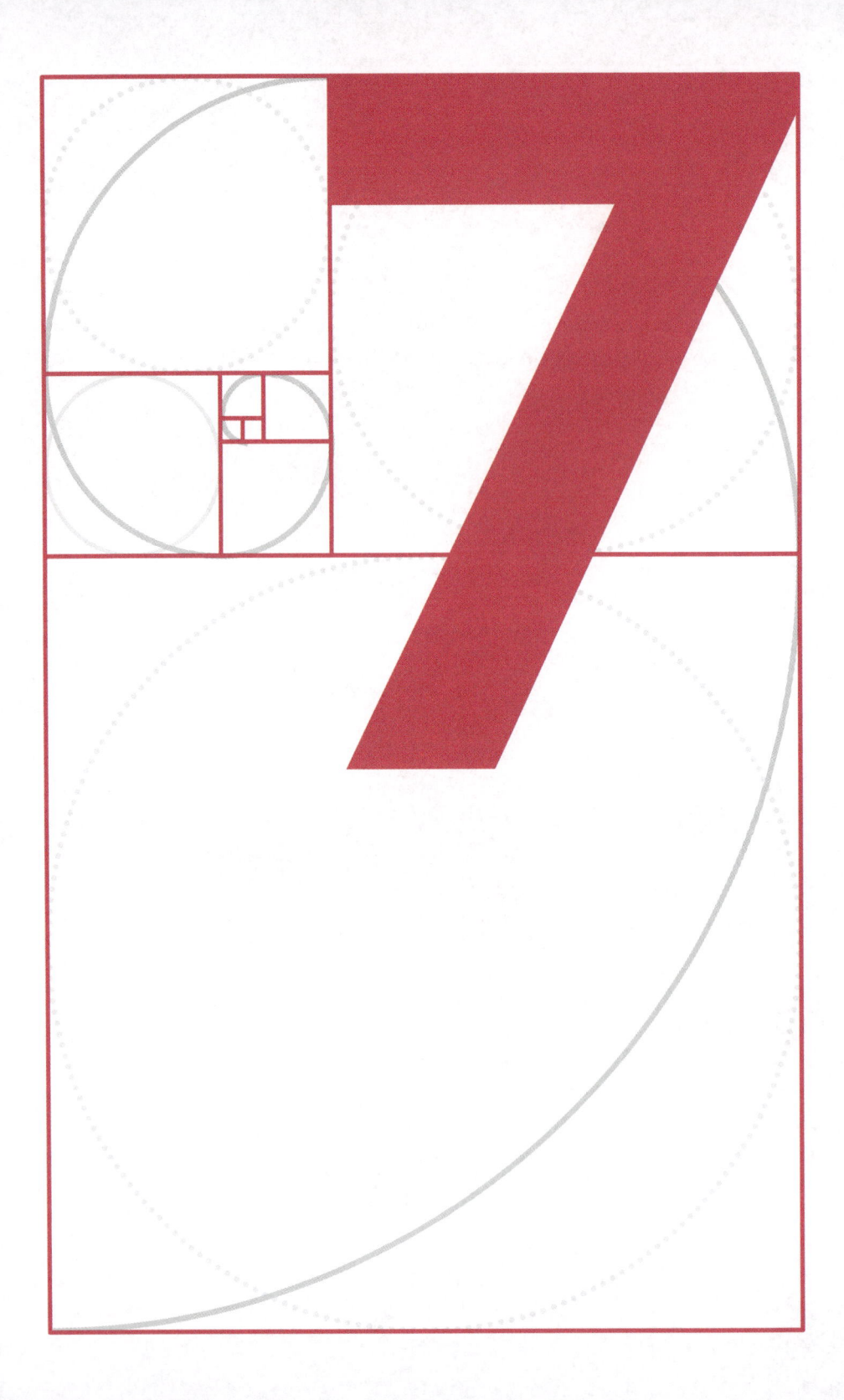

7. A INOVAÇÃO NÃO VIOLENTA

Os problemas e os anseios por mudanças permeiam um mundo complexo e inter-relacionado, sejam pessoais, organizacionais ou relacionados a aspectos sociais. Entre invenções e descobertas, surge a inovação. Inovar envolve a realização de um empreendimento que conquiste um mercado. E como inovar de forma eficiente e não violenta? O objetivo central é uma experiência de produto ou serviço que solucione o problema de forma profunda e tendo congruência e harmonia com todo o contexto sistêmico ao qual aquela realidade se conecta, preservando ou até ampliando valores éticos e sustentáveis, aproveitando melhor os talentos que temos e, principalmente, entendendo as necessidades e sentimentos de todos os envolvidos. A cada sucesso produzido de uma inovação não violenta, nós nos tornamos mais conscientes.

A desconexão entre as pessoas, o afastamento das relações, a falta de entendimento do que realmente o cliente precisa são, hoje, algo muito comum nas organizações. Às vezes, as soluções parecem perfeitas, mas realmente são as melhores para as necessidades de quem vamos atender? Ou são boas soluções, mas causam algum impacto no meio ambiente? São soluções só funcionais a curto prazo ou realmente resolvem o problema? A abordagem empática me permite entender de fato as causas e atuar na solução integral que traga benefícios a todos de maneira sistêmica.

Inovar requer um mergulho na complexidade do problema, e esse mergulho é coletivo. Quanto maiores a diversidade e a complementariedade da equipe, maior será a capacidade de entender o problema para idealizar uma mudança. Quanto mais abrangentes forem os modelos mentais e as experiências anteriores, maior a necessidade de implementar uma comunicação não violenta e uma visão sistêmica que tragam coesão, sinergia e colaboração entre todos em direção ao foco do projeto de inovação.

7. A INOVAÇÃO NÃO VIOLENTA

A comunicação não violenta integra o foco nas relações e promove uma cultura de empatia tanto na relação produto/cliente quanto na condução interna da equipe em todo processo de inovação. Quando uso as práticas baseadas nos componentes da CNV: observação-sentimento-necessidade-pedido, descubro a real necessidade do público-alvo por meio de exercícios de criação, que chamamos de ideação da solução, para depois mapear a necessidade não atendida a partir da experiência que coletamos dos usuários referente ao produto e serviço. Inovar pelo pensamento sistêmico é construir uma solução por um entendimento contextual de fora para dentro; o foco é no sistema, nas relações, e não no indivíduo, é ser capaz de pensar de forma mais coletiva e encontrar soluções que sejam de fato as melhores pensando em todo o ecossistema.

Se há padrões de comportamento que conduzem a rotinas, e estas podem levar a problemas, é preciso identificar os comportamentos que são positivos para os resultados e os que precisam de ajuste. O desafio é que mudar comportamentos de uma pessoa já é difícil, imagine de um grupo? Por isso, é preciso entender a cultura da empresa e, aos poucos, promover mudanças que mexam de forma sistêmica e que, por consequência, alterem os comportamentos. Por isso, é necessário trabalhar novos paradigmas para conceber novas soluções. Como defende Peter Drucker: "Em tempos de turbulência, o maior perigo não é a turbulência, mas agir com a lógica do passado".

Um fundamento importante oriundo do paradigma circular e sistêmico na inovação não violenta é o aprendizado em vez da culpabilidade: o foco maior é na responsabilidade pela atuação, não na penalidade. A cada resultado mensurado, é preciso maximizar a extração do aprendizado e transformá-lo em sabedoria organizacional, de forma que a inovação seja um processo de aprendizado e experiência que movimente e flexibilize a corporação, sempre ajustando a direção aos objetivos estratégicos e caminhos de sucesso com equivalente agilidade que a dinâmica do mercado promove.

7.1. Inovação como aprendizado organizacional

Quando acreditamos que eventos ocorrem de forma isolada e independente, esquecemos que as organizações são interdependentes. Uma empresa é um sistema sociocultural, e o envolvimento dos colaboradores em servir para atender uma necessidade comum é fundamental. A aprendizagem se transformará em motivação quando a mudança for percebida no nível de percepção e cognição do indivíduo, e para isso é preciso que a comunicação ocorra de forma sistêmica.

Segundo o aprendizado experiencial teórico educacional, de David Kolb, pode ser visto como um processo dinâmico pelo qual o conhecimento é criado por meio da transformação da experiência em quatro etapas: experimentar, refletir, pensar e atuar. Conforme o artigo publicado no periódico *California Management Review*, "Innovation as a Learning Process: Embedding Design Thinking", de Sara L. Beckman e Michael Barry, podemos abordar a inovação como um processo de aprendizado, a partir do aprendizado experiencial de Kolb, e do processo de inovação proposto por Charles Owen[47].

---

47   Charles Owen, Design Research: Building the Knowledge Base, *Design Studies*, Chicago, Institute of Design/Illinois Institute of Technology, v. 19, n. 1, p. 9-20, jan. 1998.

7. A INOVAÇÃO NÃO VIOLENTA

	APRENDIZADO	INOVAÇÃO	
	CONCEPTUALIZAÇÃO ABSTRATA: ABSTRATO, PENSAR		

OBSERVAÇÃO REFLEXIVA: ANÁLISE, OBSERVAR

Assimilação	Convergência
Frameworks	Imperativos
Observações	Soluções
Divergência	Acomodação

EXPERIMENTAÇÃO ATIVA: SÍNTESE, AGIR

| EXPERIÊNCIA CONCRETA: CONCRETO, SENTIR | |
| Aprendizado Experencial segundo David Kolb | Processo de Inovação, segundo Charles Owen |

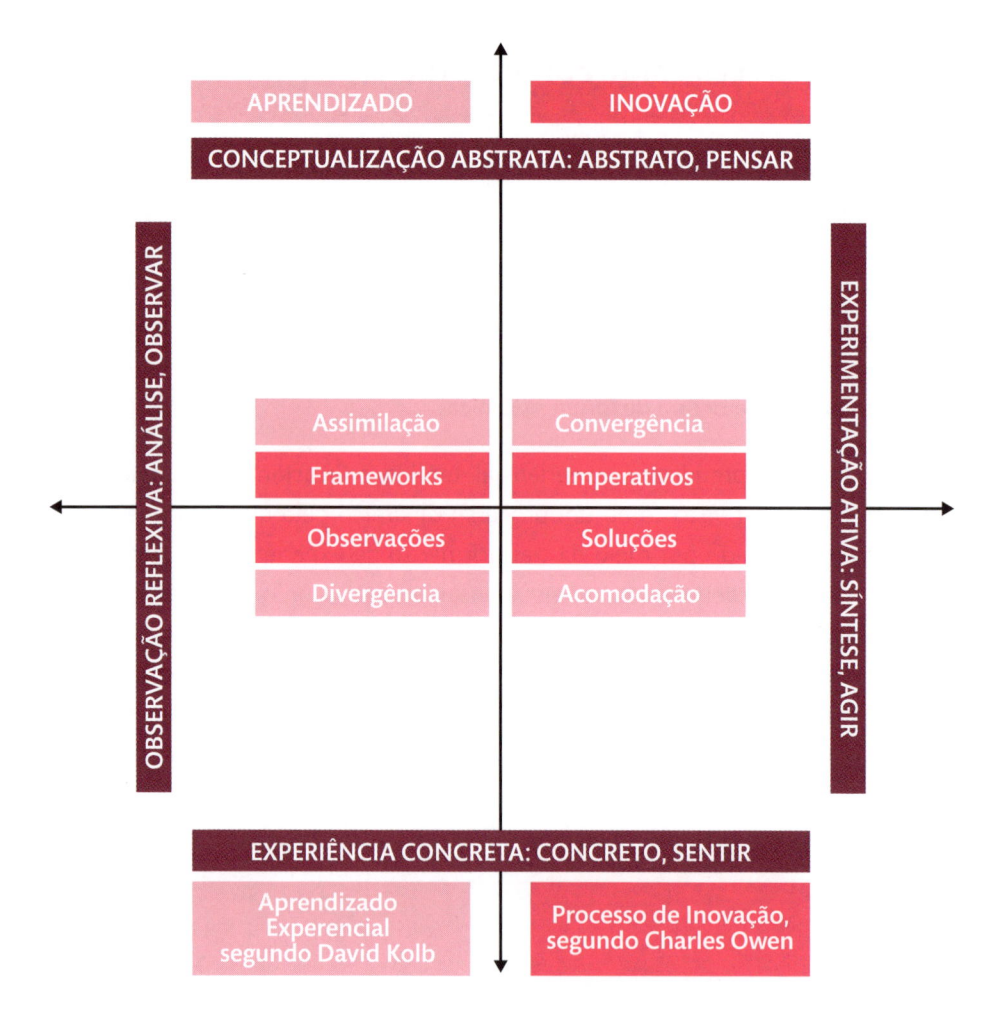

- Observação reflexiva: observar eventos, análise das causas e respectivas implicações, onde os problemas são investigados.

- Conceituação abstrata: pensar e discernir para escolha do problema a partir das reflexões.

- Experimentação ativa: planejar, executar e testar, momento de construção da solução.

- Experiência concreta: experimentar na prática a solução, sentir os resultados para ajustar e eleger a entrega final.

- **Quadrante 1:** mover-se da observação reflexiva para conceituação abstrata – O quê?
  - Assimilação: absorver, deduzir, teorizar. Observar e pensar.
  - Frameworks: estruturar estratégias, definir planos de ação, modelagem de soluções.
- **Quadrante 2:** mover-se da conceituação abstrata para experimentação ativa – Como?
  - Convergência: buscar consenso, coesão, decidir, explorar. Pensar e agir.
  - Imperativos: definir proposições de valor, princípios, critérios de sucesso.
- **Quadrante 3:** mover-se da experiência ativa para experiência concreta – E se?
  - Acomodação: buscar conforto na realização, adaptar, flexibilizar. Agir e sentir.
  - Soluções: jornada da implementação à entrega final.
- **Quadrante 4:** mover-se da experiência concreta e observação reflexiva – Por quê?
  - Divergências: criar, diversificar, expandir ideias, reproduzir. Sentir e observar.
  - Observações: analisar resultado da entrega, *feedback* e aprendizado.

Quando a empresa abandona o cenário conhecido e se movimenta para um novo, é preciso aprender a lidar com essa interdependência, ou seja, entender que, ao mexer em algo, mexemos em tudo de forma sistêmica. O grau de empatia na comunicação influenciará diretamente a eficácia do processo de aprendizagem: as tomadas de decisão e os resultados de projetos impactarão a realidade, de acordo como são percebidos, e ocorre o *feedback* sobre o que foi decidido ou realizado. A resposta motivará novas decisões, novos comportamentos e novos projetos, conforme os modelos mentais de quem recebeu o *feedback*.

Para o aprendizado organizacional fluir, é preciso que os colaboradores não só adquiram novos conhecimentos, mas compartilhem as experiências de aprendizado, agregando *feedbacks* de outras realidades, integrando operações, produtos e serviços.

7.2. A inovação sistêmica

Organizações que respiram inovação são aquelas que aprendem, cujos líderes conduzem times que movimentam a empresa a partir de projetos em meio a um cenário complexo de tensão criativa entre o momento atual e a visão de futuro que todos querem construir. A inteligência corporativa é compartilhada, e a comunicação é o fio condutor.

Inovar não é apenas ter ideias novas, mas entender a fundo as necessidades não atendidas do cliente, mapear aspectos qualitativos e quantitativos, entender o mercado e buscar soluções que podem atender um mercado em ascensão sem ferir o ecossistema. Entender a realidade em que a empresa se encontra e, em um conceito de mínimo produto viável, apresentar uma solução eficiente para o problema. Criar um processo empático com nosso cliente resulta em um sistema robusto de relacionamento e maior percepção das mudanças do mercado.

Evolução sistêmica, a partir de uma cultura de empatia e inovação, provoca ganhos a longo prazo de qualidade, eficácia, eficiência, engajamento, recuperação de estados de fluxo de processos e relações humanas.

É preciso projetar uma transmutação do comportamento do sistema, alterar as relações entre os diferentes aspectos, muitas vezes sendo necessária a revisão do propósito e dos objetivos estratégicos envolvidos, de modo a afetar o paradigma do que se espera como resultado final e os critérios do que é ter sucesso. A mudança é estrutural e não apenas incremental, é de dentro para fora.

Para recuperar um estado de fluxo, precisamos de uma intervenção sistêmica. Uma intervenção sistêmica de inovação tem como objetivo alavancar uma mudança profunda e não apenas processual, que efetivamente altere a cultura organizacional vigente. É uma ação estratégica intencional que nasce de novos paradigmas de atitude dos elementos do sistema e de como esses elementos se relacionam.

A cadeia de valor da inovação de Hansen e Birkinshaw[48] reforça a estratégia da intervenção pontual para recuperar elos fracos para combater gargalos de processo. Trata-se de um processo de três fases macro:

1. Geração: criação de ideias internamente, polinização cruzada de ideias na organização de forma colaborativa, envolvimento de parceiros externos.
2. Conversão: seleção da melhor ideia ou conjunto de ideias para implementação.
3. Difusão: divulgação e disseminação pela organização.

Geração de ideia			Conversão		Difusão
Interna	"Cross-Pollination"	Externa	Seleção	Desenvolvimento	Divulgação
Criação dentro da empresa	Colaboração entre unidades da empresa	Colaboração com parceiros externos	Rastreio e financiamento inicial	Movimento de ideias para os primeiros resultados	Disseminação por toda a organização

Fonte: Hensen e Birkinshaw (2007)

---

48 Morten T. Hansen e Julian Birkinshaw, The Innovation Value Chain, *Harvard Business Review*, v. 85, n. 6, p. 121-30, jul. 2007.

Para haver uma intervenção sistêmica na inovação, é preciso observar com profundidade quais as causas intrínsecas dos problemas, mascaradas por uma avaliação orientada a eventos que oculta as redes de causa e efeito. Todavia, quais pontos de alavancagem transformarão fundamentalmente o esforço em uma mudança efetiva? A resposta nasce de uma comunicação coesa, clara, madura e não agressiva entre todos os envolvidos para exteriorizar uma lista honesta do que não funciona mais e os motivos. Esse cenário, muitas vezes utópico, passa a ser factível quando existem práticas de semear um aculturamento de aprendizagem em vez da prática de eleger culpados.

7.3. A comunicação sistêmica e a alta alavancagem

> "Alavancagem é a identificação de onde as ações e mudanças nas estruturas pode levar a melhorias significativas e duradouras. Pequenas ações que substituem esforços descomunais e, ainda por cima, são responsáveis por resultados muito melhores"
> (Peter Senge)

Pontos de alavancagem são locais da estrutura sistêmica de aplicação de uma intervenção de solução para um problema emergente. Segundo a doutora Donella Meadows[49], os pontos de intervenção em um sistema, em ordem decrescente de eficácia, são:

12. Constantes, parâmetros, números (como subsídios, impostos, padrões).

11. O tamanho de *buffers* e outros estoques estabilizadores, relativos a seus fluxos.

---

49 Trecho do artigo Leverage Points: Places to Intervene in a System, *The Sustainability Institute*, Hartland, 1999. Donella H. Meadows é pesquisadora do Pew em conservação e meio ambiente e do MacArthur Fellows Program. Foi uma das pensadoras ambientais mais influentes do século XX.

10. A estrutura dos estoques e fluxos de materiais (tais como redes de transporte, estruturas etárias da população).
9. Os comprimentos de atrasos, em relação à taxa de mudança do sistema.
8. A força dos ciclos de *feedback* negativo, em relação aos impactos que eles estão tentando corrigir.
7. O ganho em torno de gerar ciclos de *feedback* positivo.
6. A estrutura dos fluxos de informação (quem tem ou não acesso à informação).
5. As regras do sistema (como incentivos, punições, restrições).
4. O poder de adicionar, alterar, evoluir ou auto-organizar a estrutura do sistema.
3. Os objetivos do sistema.
2. A mentalidade ou o paradigma a partir do qual o sistema – seus objetivos, estrutura, regras, atrasos, parâmetros – surge.
1. O poder de transcender paradigmas.

Notem que a enumeração é em ordem decrescente para enfatizar que o último ponto em eficácia tende a ser o primeiro a ser percebido. Baixo ponto de alavancagem é quando a solução aplicada causa uma pequena mudança no comportamento sistêmico. Alto ponto de alavancagem é quando a solução aplicada causa uma grande mudança no comportamento sistêmico.

Resgatar o estado de fluxo dos processos de um sistema é atuar em pontos de alavancagem que aumentem a eficácia em relação aos resultados esperados e a resiliência do sistema quanto ao propósito.

A partir do estudo citado de Donella Meadows, construímos a seguir um comparativo com as relações de trabalho e a comunicação, relacionando as perspectivas sistêmicas, os componentes da comunicação não violenta e os pontos de alavancagem.

7. A INOVAÇÃO NÃO VIOLENTA

Perspectivas Sistêmicas	Comunicação		Pontos de Alavancagem	
Modelos Mentais (Propósito)	Pedidos e Necessidades	1	A Verdade do Sistema	Alta Alavancagem
		2	Paradigma do Sistema	
		3	Objetivo	
Estruturas Sistêmicas (Design)	Cultura	4	Auto-organização	
		5	Mecânicas	
		6	Fluxo e acessos	
Padrões de Comportamento (Feedbacks)	Sentimentos	7	Feedback Positivo	Baixa Alavancagem
		8	Feeback Negativo	
		9	Prazo	
Eventos (Parâmetros)	Observação	10	Ritmo	
		11	Volume	
		12	Quantidade	

1. **A verdade do sistema**: o poder de transcender paradigmas. Qual o propósito sistêmico comum ou a função de trabalho observável? O propósito percebido do sistema representa a verdade do consenso? A evolução é inerente a sistemas dinâmicos complexos – o sistema está evoluindo para qual direção? Todo sistema também é um subsistema de um sistema maior: como o sistema se integra ao sistema acima?

2. **Paradigma do sistema**: a mentalidade ou o paradigma a partir do qual o sistema – seus objetivos, estrutura, regras, atrasos, parâmetros – surge. Modelos mentais e crenças predominantes que sustentam o sistema. Quando alguém se torna um elemento do sistema, como um colaborador em uma organização, quais pensamentos são realmente próprios e quais são influenciados pela cultura sistêmica?

3. **Objetivo**: os objetivos estratégicos traçados do sistema, metas organizacionais, objetivos de projetos. A auto-organização da equipe, as estruturas sistêmicas e os fluxos de informação impactam diretamente a cultura da organização. Para promover uma mudança de cultura, é preciso monitorar, reavaliar para conduzir ajustes que estimulem novos hábitos.

4. **Auto-organização**: o poder de adicionar, alterar, evoluir ou auto-organizar a estrutura do sistema. Tomadas de decisão, influência e liderança – quem toma as decisões? Quais são os fluxos de comando?

5. **Mecânicas**: as regras do sistema (como incentivos, punições, restrições). Sistemas de controle, sistemas de recompensa. Por exemplo, mecânicas de jogos podem ser utilizadas nesse ponto de alavancagem, reestruturando regras sistêmicas para resgatar o fluxo do processo em relação ao objetivo almejado.

6. **Atores**: a estrutura dos fluxos de informação (quem tem ou não acesso à informação). Acessibilidade ao nível das informações, permissões e papéis. Uma equipe que não percebe o motivo pelo qual está executando algo pode ser prejudicial. Negligenciar informações pode provocar fluxos alternativos e prejudicar a comunicação do sistema.

7. *Feedback* **positivo**: o ganho em torno de gerar ciclos de *feedback* positivo. O ciclo de *feedback* positivo é quando ocorre um ganho, um reforço na interação de causa-efeito. Pequenas interações podem implicar grandes consequências sem que sejam notadas.

8. *Feedback* **negativo**: a força dos ciclos de *feedback* negativo, em relação aos impactos que eles estão tentando corrigir. O ciclo de *feedback* negativo é quando há uma redução no impacto da interação de causa-efeito. Pode ser aplicado para buscar estabilidade sistêmica, como reduzir conflitos ou desgastes. Desequilíbrios emocionais interferem na nossa percepção e flexibilidade cognitiva. Quais são as respostas emocionais percebidas?

9. **Prazo**: os comprimentos de atrasos, em relação à taxa de mudança do sistema. Tempo de *feedback*, tamanho de tempo de resposta. Qual o atraso entre quando é alterado algo no sistema e quando é percebido? Podem-se promover interações mais curtas para preservar os tempos de resposta. O foco de visão sistêmica é de longo prazo, então os atrasos podem causar grande impacto. Ritmo do fluxo e estoque, tamanho de buffers, parâmetros e quantidade estão relacionados a fatos observáveis de gestão, orientada a visão

por eventos. A comunicação aqui é fundamental para que tomadas de decisão de projetos não se limitem a essa camada.

10. **Ritmo**: a estrutura dos estoques e fluxos de materiais. Estrutura pela qual as demandas fluem no sistema. Movimentação do inventário desde que ele entra no sistema (planejamento do trabalho) até o momento em que ele sai (entrega).

11. **Volume**: o tamanho dos buffers e outros estoques estabilizadores, em relação aos seus fluxos. Relacionado aos estoques: acúmulo de elementos de um sistema. Iteração é o tempo de execução da solução de uma demanda. Iterações maiores resultarão em tamanho de buffers maiores. Assim, diminuir o tamanho de uma iteração pode ser um ponto de alavancagem a se considerar. Altos estoques aumentam a complexidade: níveis altos de acúmulo de demandas ficam mais difíceis de ser controlados e atualizados. Altos estoques diminuem o valor agregado de negócio entregue no produto final.

12. **Quantidade**: constantes, parâmetros, números. Aspectos quantitativos que medem a entrada versus a saída de uma transformação. Por exemplo: há casos em que, para aumentar a produtividade, pode-se optar por aumentar o número de pessoas visando resultado momentâneo, mas não haverá nenhuma alteração no comportamento do sistema. É a alavancagem menos efetiva de todas, números não alteram sistemas.

Com menor alavancagem, os ciclos de *feedback* e prazos de realização estão relacionados com emoções e sentimentos dos grupos. A comunicação deve ser conduzida para promover emoções positivas, harmonizar comportamentos, evitar conflitos e estimular o comprometimento e o engajamento.

O real propósito, os paradigmas sistêmicos e os objetivos estratégicos estão diretamente relacionados às necessidades e à visão de futuro da organização (pedido). A comunicação precisa garantir que a empresa entenda as necessidades dos colaboradores, e os colaboradores assimilem as necessidades da organização para que o sistema seja eficiente e eficaz, conduzindo todos na mesma direção.

7.4. A comunicação sistêmica na inovação

Inovar exige a capacidade de comunicar, e isso começa com um diálogo interno, com um entendimento da nossa própria essência. Na intracomunicação, passo por um processo de tomada de consciência do quanto estou de fato exercendo a minha autenticidade e integridade. Os moldes que são impostos pela sociedade, em forma de paradigmas, nos limitam em nosso potencial criativo.

Entender e trazer à consciência esses comandos inconscientes que incluem comportamentos padronizados permite que eu expanda a minha capacidade de tomada de decisão e, acima de tudo, que perceba a importância de buscar uma liberdade emocional.

Além disso, a violência que venho a praticar comigo quando valido ofensas ou até mesmo me culpo ou sinto vergonha por ações que tive só me leva a um declínio emocional e, por consequência, a uma baixa capacidade de produzir e inovar.

Quando passo a entender como funciono e quais minhas preferências comportamentais, também sou capaz de respeitar minhas aptidões e talentos, e isso pode ser potencializado em um processo de criação, já que entendo onde posso contribuir de forma mais significativa. Entender como funciono também me permite perceber que existem outras formas diferentes da minha e que, em vez de isso levar ao conflito, eu possa perceber onde preciso buscar complementariedade.

Comunicar comigo mesma é buscar um propósito, entender que posso achar um motivo que me direcione que torne aquilo que entrego prazeroso, que posso encontrar o meu estado de *flow*. Inovar com pessoas que se encontram nesse estado é uma experiência incrível, satisfatória e de muitos resultados.

Em uma segunda dimensão, na intercomunicação, passo a respeitar as diferenças, entender que as pessoas podem criar por meio de *brainstormings* reais, ou seja, sem intimidações, ou tentativas de agradar pessoas, ou medos e anseios. Passo a entender que posso lidar com conflitos por meio de diálogos e empatia.

Diminuir com a violência nas relações é estabelecer mais diálogos sinceros, gerar mais compreensão do que está por trás dos comportamentos apresentados. Quando sou capaz de ver além da minha ótica, isso me possibilita perceber que as pessoas têm necessidades latentes que precisam de atenção e cuidado. Aliás, a economia da empatia aparece para mostrar que a relevância maior está nas relações, a busca de diferencial na capacidade de entender e compreender necessidades além das que parecem óbvias.

Comunicar é aprender a criar um espaço para o outro entrar, trazer seu ponto de vista que pode se somar ao meu. Passo a ter uma ação mais abrangente no processo criativo, e os processos divergentes migram para a convergência com muito mais maturidade. Inovar exige pensamentos com vários pontos de vista que, ao divergirem, ampliam os pensamentos para que uma ideia se converta.

Verdade também que passo a interpretar comportamentos ou palavras com muito mais discernimento, entendendo que, por trás, existem sentimentos e necessidades. Isso ajuda a compreender processos da equipe e, essencialmente, do meu cliente.

Quando entendo as necessidades não atendidas, passo a ter um foco muito mais assertivo e direto nos processos de inovação. Comunicação passa a ser a vantagem competitiva dos times em um mundo em que precisamos lidar com diversidade, inclusão e equidade.

Estabelecer uma escuta sensível permite ouvir com mais cuidado as reais necessidades de nossos clientes e com mais atenção ideias propostas pela equipe. Por fim, quando entro na terceira dimensão, passo a ter mais consciência coletiva das minhas ações. Percebo que tudo que comunico – lembrando que comunico por meio de comportamentos e atitudes

– interfere no ambiente e nas pessoas ao meu redor. Isso me leva a constatar que posso ter ações que interferem positivamente no ambiente em que estou inserida, positiva ou negativamente.

Quando penso nos paradigmas que me levam a um padrão de reclamação, por exemplo, compreendo que, na verdade, isso não só interfere na minha autenticidade como também no clima da empresa, do ambiente em si. Isso pode contagiar toda uma equipe, que, em um processo de criação, passa a ter baixa performance.

Ter uma atitude positiva é uma responsabilidade coletiva e consciente. Passo a respeitar que o ambiente de criação exige um ambiente pacificador e saudável. Passo a ser corresponsável pela egrégora criada ao meu redor. Entendo que inovar exige perceber a complexidade das coisas, a instabilidade e a intersubjetividade, e que pensar soluções em partes pode ser arriscado, pois é preciso exercitar uma visão mais global dos problemas.

Em um olhar mais sistêmico, a inovação precisa ter um olhar da sustentabilidade, e passo a perceber o paradigma circular, o reaproveitamento de materiais e o uso consciente de matérias-primas. Começo a ter um olhar na inclusão e equidade e concluo que inovação só é boa se for boa para todo mundo!

Afinal, comunicar vai muito além de palavras ditas, comunicar é como você atua no mundo, e isso é a base para qualquer processo de inovação.

É preciso inovar a inovação e a comunicação pode ser a base de tudo!

7.5. O processo de inovação não violenta

O processo de inovação não violenta foi inspirado a partir de três pilares fundamentais: o design thinking, o pensamento sistêmico e a comunicação não violenta. Os resultados desse processo serão potencializados de modo positivo se executados posteriormente aos processos de comunicação sistêmica e empatia circular. Na inovação não violenta, temos como objetivo inovar processos ou conceber produtos e serviços que causem uma mudança sistêmica de forma não violenta, respeitando ou até promovendo aspectos de equidade, inclusão, ética e sustentabilidade. Comunicação clara e percepção sistêmica são pré-requisitos fundamentais para o desenvolvimento proposto.

PROCESSO DE INOVAÇÃO NÃO VIOLENTA

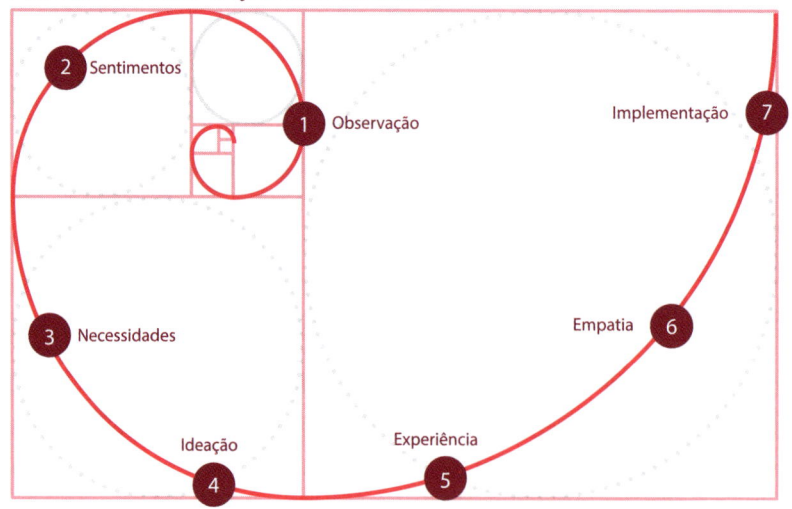

1. Observação
2. Sentimentos
3. Necessidades
4. Ideação
5. Experiência
6. Empatia
7. Implementação

Fase 1: observação

Um *briefing* inicial é recebido pela equipe com uma demanda. A partir do entendimento do desafio, é o momento de descoberta, de investigação, de explorar todos os dados e fatos. Defino o grupo de atuação na pesquisa de campo, organizo entrevistas e seleciono o público-alvo para entrevistas.

É a fase de observar eventos e padrões de comportamento, coletar dados e transformá-los em informações. Observar sem avaliar, apenas contextualizar. Consulto especialistas e históricos anteriores. Informações e eventos registrados serão evoluídos na fase seguinte na construção de histórias.

Pode-se iniciar o preenchimento do mapa da empatia (David Grey), mas o recomendado é restringir-se aos campos que envolvam apenas observação: quem/o que diz, faz, escuta, vê.

> **Reflexões:**
>
> Qual público-alvo representa a demanda reportada no *briefing* inicial?
>
> Quem são as pessoas que queremos entender?
>
> Quais perguntas farão parte da pesquisa?
>
> Quais são as dores dos clientes? Qual a perspectiva deles?
>
> Quais são as decisões que precisam ser tomadas com frequência pelo grupo ou público-alvo?
>
> Quais são os tipos de tarefas que precisam ser executadas pelo grupo ou público-alvo?
>
> Quais são os padrões de comportamento que mais se destacam e por quê?

Fase 2: sentimentos

Nesse momento, eu mergulho na rotina e cultura dos meus clientes. Sinto suas dificuldades, desconfortos, emoções, medos e conflitos. Descobrir as dores e expectativas do meu público-alvo é fundamental nesta etapa.

Com a equipe, é importante ganhar confiança e credibilidade, gerar um clima de amizade e ouvir suas histórias. Compartilhar as histórias que causaram maior impacto e inspiração com os colaboradores pode criar sinergia. É fundamental gerar significados e propósitos em comum, bem como entender o cliente.

Caso esteja utilizando o mapa da empatia, esse é o momento de agregar informações que percebemos a partir dos sentimentos: medos, frustrações, esperanças e sonhos.

Insights são sínteses do que foi aprendido com as histórias, informações reveladoras que despertarão a atenção, permitirão ver o mundo de uma forma nova para impulsionar novas ideias. É nesse momento que o grupo fica preparado para achar soluções inovadoras de forma leve e que, de fato, sejam valorosas ao público-alvo.

É importante notar as estruturas sistêmicas que regem a cultura e influenciam o comportamento observado, hábitos e valores, e lideranças, leis ou políticas que influenciam nas rotinas do grupo.

> **Reflexões:**
>
> O que as histórias ouvidas têm em comum?
>
> Que histórias podem influenciar no problema que vamos solucionar?
>
> O que as emoções percebidas realmente significam?
>
> Quais são os medos, frustrações e dores percebidos ao sentir o grupo ou o público-alvo?

> Quais são as esperanças e sonhos percebidos ao sentir o grupo ou o público-alvo?
>
> Quais são as estruturas sistêmicas que mais influenciam na forma de as pessoas agirem?
>
> Que hábitos e valores foram mais predominantes no grupo?
>
> Quais são os melhores *insights* que representam o propósito coletivo e por quê?

Fase 3: necessidades

A partir da seleção dos melhores *insights*, é possível a criação de *frameworks*, uma abstração das principais funções e cenários que contextualizam o conhecimento do que foi percebido até aqui.

Nesta fase, o mapa da empatia pode ser completado, selecionando as necessidades percebidas, passo inicial para o desenvolvimento de personas e declarações de POV.

A partir dos padrões de comportamentos observados, é possível desenvolver personas, perfis comportamentais ou arquétipos do público-alvo mapeando motivações intrínsecas e extrínsecas, expectativas e desejos.

O ponto de vista (POV) é uma declaração orientada a objetivos, em que se restringe o foco, e a compreensão da demanda se torna mais clara para todos. A declaração contém o "usuário" (persona, papel) que "necessita" de algo (ação, que remete à necessidade em questão) "porque" algo falta (*insights*, justificativa por meio da síntese da necessidade percebida). Dessa forma, a ideação será pautada pelas declarações diretas dos problemas.

> **Reflexões:**
>
> Quais são as principais necessidades registradas pelos meus clientes? O que realmente falta?
>
> Quais são os principais cenários que contextualizam o que foi observado?
>
> O que cada persona realmente precisa e por quê?
>
> Quais são as necessidades não atendidas que levam aos problemas atuais?
>
> Quais as maiores consequências das soluções atuais?

Fase 4: ideação

O processo de divergência criativa do *brainstorming* encoraja a pensar de forma livre e expansiva. A diversidade na equipe deve estar presente para potencializar a criatividade e visões complementares. Seleciono as melhores ideias e discuto maneiras de desenvolvê-las. Identifico a visão desejada da realidade provocada pela experiência da solução, imagino que comportamento quero estimular ou inibir em um grupo específico de pessoas.

A causa do problema está no sistema e não nas pessoas. A busca da solução é identificar causas sistêmicas e promover mudanças no sistema, intervenções, para as pessoas aprenderem um novo paradigma a partir da experiência do novo produto ou serviço. É preciso encontrar o ponto de alavancagem correto que gere alto impacto.

A estratégia da intervenção direcionará a convergência das ideias para selecionar a ideia final e conceber a solução.

> **Reflexões:**
>
> Quais ideias realmente causaram empolgação ou inspiração?
>
> Quais as três melhores ideias e como podemos desenvolvê-las?
>
> Quais são os novos eventos percebidos na experiência de consumo que demonstrariam que a nova visão fosse realizada?
>
> Quais são os novos comportamentos que desejamos que a experiência do produto cause?
>
> Dentre os doze níveis de pontos de alavancagem, quais são factíveis e viáveis para uma intervenção sistêmica no cenário do problema?
>
> Na concepção da solução, princípios como inclusão, sustentabilidade, equidade estão sendo aplicados na solução ou pelo menos preservados?
>
> Quais serão os critérios de sucesso da solução e como serão mensurados?
>
> No caso de um produto, o que acontecerá após a experiência de uso? Haverá descarte? Haverá reúso, reparação, reciclagem ou remanufatura?

Fase 5: experiência

A experiência da solução é o desafio de tornar tangível a solução, aprender com a prática e compartilhar com outras pessoas. O envolvimento de utilizar o serviço ou consumir o produto deve ser muito explorado, seja por simulações vivenciais, seja em aplicativos, *storyboards* ou *wireframes*.

Nem sempre o protótipo acerta na primeira, por isso é preciso estimular a experiência combinando aspectos variados da solução.

Os testes, muito mais do que indicarem erro ou acerto, voltam-se a mostrar o que realmente falta e a aprender com o processo. O critério de validação também deve estar em análise. Se o teste simplesmente não funcionou, a prototipação deve ser revista. Caso tenha ocorrido um erro de conceito, deve-se rever a ideação da solução. Se o problema foi de definição, então o mapeamento das necessidades tem de ser revisto no POV. Se a necessidade é atendida, mas não está aderente com o que o cliente realmente precisa, o retorno é para a fase de observação.

> **Reflexões:**
>
> Quais são os principais aspectos comportamentais que devem ser validados na experiência da prototipação?
>
> Quais tipos de prototipação podem ser combinados para potencializar a validação da experiência da solução?
>
> Como é possível tornar tangível a experiência de consumo do produto?
>
> Quais testes não funcionaram e por quê?
>
> As ocorrências do erro se deram por falhas de conceito ou de definição?
>
> A necessidade atendida na experiência da simulação condiz com a real necessidade do cliente?

Fase 6: empatia

Feedback em um sistema significa retroalimentação, retornar informações do efeito que a experiência da solução causou. A cada ciclo de interação, hipóteses de sucesso são validadas. É necessário coletar dados e transformá-los em informações, mensurar resultados e registrar aprendizados a partir do *feedback* recebido, para usos posteriores.

É o momento de identificar se as necessidades reais do cliente foram atendidas e comparar com as validações da prototipação, percepções anteriores ao *feedback* e critérios de sucesso definidos.

Baseando-se na essência do que a solução deve entregar, define-se a narrativa, a história que será contada do produto ou serviço que tem empatia com as necessidades do cliente.

> **Reflexões:**
>
> Quais foram os efeitos comportamentais da experiência da solução?
>
> Quais foram os efeitos positivos e negativos da experiência da solução?
>
> Os efeitos desejados na experiência do produto ou serviço foram atingidos?
>
> Algo muito inesperado aconteceu? Se sim, por quê?
>
> Os critérios de sucesso foram alcançados?
>
> Qual história do produto ou serviço será contada ao cliente para gerar empatia?
>
> A solução traz alguma mudança profunda com a experiência do produto ou serviço? Qual?

Fase 7: implementação

Na modelagem de negócios, podemos aplicar aqui o Business Model Canvas, do suíço Alex Osterwalder, para o detalhamento da segmentação e relacionamento dos clientes, mapeamento da proposta de valor, canais de comunicação, venda e distribuição do produto, recursos, custos e fontes de renda.

O escopo do projeto-piloto respeitará as premissas, restrições e prazo definidos no modelo de negócios. Conforme a execução do projeto-piloto, novos ciclos do processo poderão ocorrer, para rever a ideação da solução ou uma nova prototipação que valide um novo foco na experiência do produto.

Para evolução da solução, é necessário o monitoramento do progresso, como avaliar periodicamente eventuais consequências de utilização do produto ou serviço, analisar retorno sobre o investimento, buscar referências para futuras novas melhorias.

> **Reflexões:**
>
> Para quem criamos e entregamos valor?
>
> Qual a proposta de valor, entregue pela solução?
>
> Valores como sustentabilidade, ética e equidade foram preservados ou estimulados?
>
> Qual o relacionamento que cada segmento de cliente espera construir?
>
> Quais serão os custos e quanto os clientes podem pagar?
>
> Quais serão as premissas e restrições do projeto-piloto?
>
> Quais serão os riscos do projeto-piloto e como serão mitigados?
>
> Qual será o prazo de execução do projeto-piloto?
>
> Quais foram os efeitos positivos e negativos da experiência da solução no projeto-piloto?
>
> Os efeitos desejados na experiência do produto ou serviço foram atingidos no projeto-piloto?

7.6. A jornada em busca da transmutação circular

A transmutação circular pode, em um primeiro olhar, parecer um objetivo utópico como entender quem realmente somos ou nosso real propósito; todavia a busca com essa visão de futuro traz resultados e aprendizados, e direciona para um mundo melhor.

Todos os produtos da Flyflow são redesenhados de acordo com a demanda do cliente. De vários clientes, obtivemos *insights* poderosos para projetos que emergiram de workshops de inovação, utilizando muitos conceitos e ferramentas descritos nesse modelo, em que a comunicação sistêmica é base para o realinhamento do time e saltos de percepção e entendimento de demandas complexas.

Algumas vezes, adaptamos o processo de design thinking, utilizamos perspectivas sistêmicas anteriores à tradicional etapa de empatia. Nesse mesmo momento é que estimulamos uma visão de futuro ideal em que pudéssemos, de fato, desconstruir crenças que estão atrapalhando os resultados da organização, assim como processos na estrutura sistêmica e padrões de comportamento. O mapeamento sistêmico da visão de futuro potencializa muito a construção de POVs.

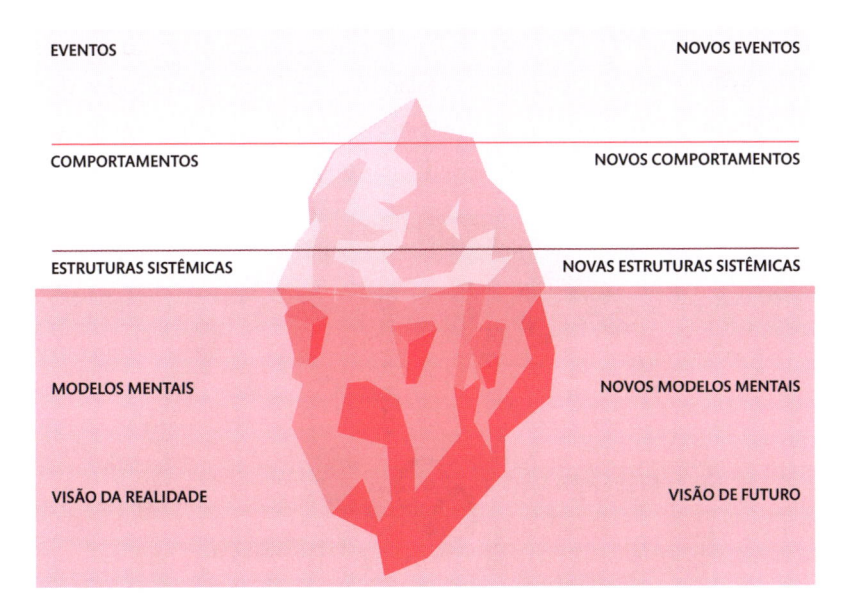

EVENTOS	NOVOS EVENTOS
COMPORTAMENTOS	NOVOS COMPORTAMENTOS
ESTRUTURAS SISTÊMICAS	NOVAS ESTRUTURAS SISTÊMICAS
MODELOS MENTAIS	NOVOS MODELOS MENTAIS
VISÃO DA REALIDADE	VISÃO DE FUTURO

Figura: Perspectivas sistêmicas como canvas

Em outros casos, aprofundamos o olhar por meio dos componentes da comunicação não violenta. Nos workshops, trabalhamos os paradigmas e suposições que geralmente permeiam o ambiente empresarial e deixam os problemas cheios de julgamentos e interpretações complexas e sem sentido. É preciso questionar-se e entender-se antes de questionar e entender a outra parte.

Um caso específico que vivenciei em sala: um rapaz de um grupo escolheu um conflito com uma pessoa que estava em outro grupo. No exercício ele praticou os componentes de CNV com o grupo, mas sem a presença da moça na qual ele tinha o conflito. Ele colocou observações, sentimentos e necessidades sob o ponto de vista dele, enquanto que o grupo inferia pontos de vistas pensando empaticamente na moça.

Foi extremamente rico o exercício, pois ele expandiu as possibilidades do que havia ocorrido com a visão das pessoas do grupo dele, mas quando abrimos as experiências em debate, a moça que estava em sala de aula pode complementar e corrigir as inferências, entender o ponto de vista dele, assim como ele o dela. Eles falaram coisas que nenhum dos dois imaginava que tinha ocorrido e sesclareceram muitas coisas. Ao final se abraçaram. Foi realmente muito rico.

Figura: Prisma dos componentes da CNV como canvas

Já adaptamos também esse modelo para workshops de liderança. Isso é uma base para qualquer projeto, tanto de liderança como de inovação. Em liderança, obtivemos resultados sensacionais com workshops nos quais promovemos maior eficiência e percepção nas tomadas de decisão, estimulando equipes a se tornarem mais coesas, potencializando a criatividade com a diversidade e ganhos de alto desempenho nos times liderados.

Os resultados que temos com os clientes da Flyflow são realmente fantásticos, com grandes ganhos de percepção e *insights* em sala de aula. Vivenciamos práticas de colaboração, criatividade e empatia compartilhados, quebrando paradigmas de escassez.

Parece difícil, mas difícil mesmo é pensar em inovar sem um olhar mais ampliado! Dizem que nos tornamos muito bons naquilo que praticamos, portanto, só a prática nos levará à excelência!

CICLO DE TRANSMUTAÇÃO CIRCULAR

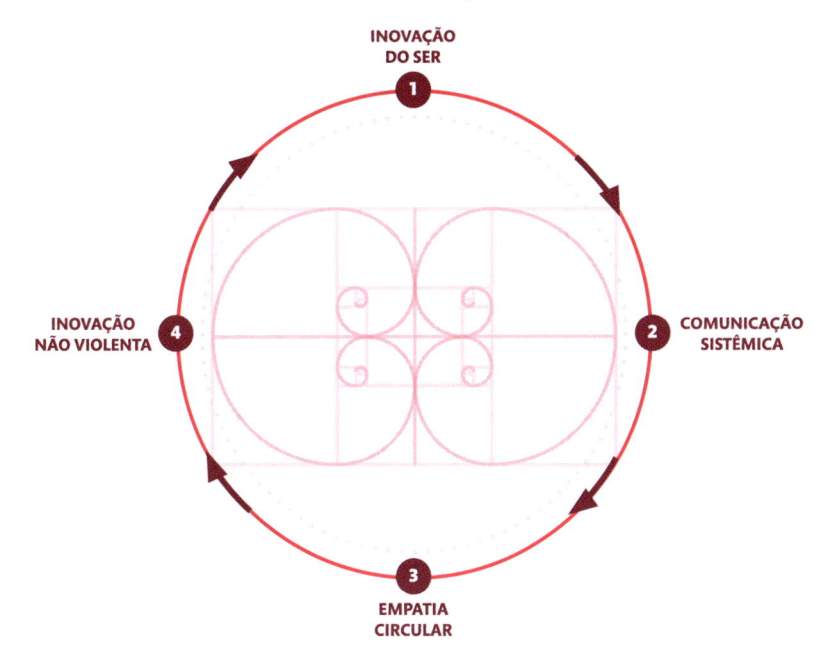

1. INOVAÇÃO DO SER
2. COMUNICAÇÃO SISTÊMICA
3. EMPATIA CIRCULAR
4. INOVAÇÃO NÃO VIOLENTA

REFERÊNCIAS BIBLIOGRÁFICAS

ACKOFF, Russell. *Ackoff's Best*: His ClassicWirings on Management. Hoboken: Wiley, 1999.

ARRIEN, Angeles. *O caminho quádruplo*: trilhando os caminhos do guerreiro, do mestre, do curador e do visionário. 2. ed. São Paulo: Ágora, 1997.

ASCH, Solomon. Effects of Group Pressure Upon the Modification and Distortion of Judgements. In: GUETZKOW, Harold. *Groups, Leadership and Men*: Research in Human Relations. Lancaster: Carnegie Press, 1951.

BARKER, Robert L. *The Social Work Dictionary*. Washington: NASW Press, 2003.

BARON-COHEN, Simon; WHEELWRIGHT, Sally. The Empathy Quotient: an Investigation of Adults with Asperger Syndrome or High Functioning Autism, and Normal Sex Differences. *Journal of Autism and Developmental Disorders*, v. 34, n. 2, p. 163-175, abr. 2004.

BLUE VISION. Como a economia circular muda a maneira que consumimos, 3 maio 2018. Disponível em: <https://bluevisionbraskem.com/inteligencia/como-a-economia-circular-muda-a-maneira-que-consumimos/>. Acesso em: 18 jun. 2019.

BROWN, Brené. *A coragem de ser imperfeito*: como aceitar a própria vulnerabilidade, vencer a vergonha e ousar ser quem você é. Rio de Janeiro: Sextante, 2016.

COHEN, Stanley. *States of Denial*: Knowing about Atrocities and Suffering. Cambridge: Polity Press, 2001.

CORTELLA, Mario Sergio. *Qual é a tua obra?* Inquietações propositivas sobre gestão, liderança e ética. Petrópolis: Vozes Nobilis, 2007.

CSIKSZENTMIHALYI, Mihaly. *Flow*: the Psychology of Optimal Experience. Nova York: Harper Perennial, 2002.

DANA, Samy. Qual a chance de ser condenado se o juiz estiver com fome? *G1*, 28 out. 2018. Disponível em: <https://g1.globo.com/economia/educacao-financeira/blog/samy-dana/post/2018/10/28/qual-a-chance-de-ser-condenado-se-o-juiz-estiver-com-fome.ghtml>. Acesso em: 29 ago. 2019.

DUHIGG, Charles. *O poder do hábito*: por que fazemos o que fazemos na vida e nos negócios. Rio de Janeiro: Objetiva, 2012.

EKMAN, Paul. *A linguagem das emoções*. São Paulo: Lua de Papel, 2003.

ELLEN MACARTHUR FOUNDATION. Concept: What Is a Circular Economy? A Framework for an Economy That Is Restorative and Regenerative by Design. Disponível em: <https://www.ellenmacarthurfoundation.org/circular-economy/concept>. Acesso em: 15 jun. 2019.

GOLEMAN, Daniel. *Inteligência social*: o poder das relações humanas. São Paulo: Campus, 2007.

GORYACHEV, Alex. Three Reasons Why Innovation Is All About Communication. *Forbes Communications Council*, 5 fev. 2018. Disponível em:<https://www.forbes.com/sites/forbescommunicationscouncil/2018/02/05/three-reasons-why-innovation-is-all-about-communication/#418323f56e5c>. Acesso em: 15 ago. 2019.

HANSEN, Morten T.; BIRKINSHAW, Julian. The Innovation Value Chain. *Harvard Business Review*, v. 85, n. 6, p. 121-30, jul. 2007.

HERMES, Jan; RIMANOCZY, Isabel. Deep Learning for a Sustainability Mindset. *The International Journal of Management Education*, reproduzido de KASSEL, Kerul; RIMANOCZY, Isabel; MITCHELL, Shelley. A Sustainable Mindset Model for Education. In: RIMANOCZY, Isabel; KASSEL, Kerul (eds.). *Developing a Sustainability Mindset in Management Education*. Abingdon: Routledge, 2018.

KAHNEMAN, Daniel. *Rápido e devagar*: duas formas de pensar. Rio de Janeiro: Objetiva, 2012.

KIM, Daniel. From Event Thinking to Systems Thinking. *Systems Thinker*, v. 7, [s.d.]. Disponível em: <thesystemsthinker.com/from-event-thinking-to-systems-thinking/>. Acesso em: 7 ago. 2019.

KOTLER, Philip; KELLER, Kevin Lane. *Marketing Management*. 12. ed. Upper Saddle River: Prentice Hall, 2006.

KRZNARIC, Roman. *O poder da empatia*: a arte de se colocar no lugar do outro para transformar o mundo. Rio de Janeiro: Zahar, 2015.

LAZZAROTTO, Aline. Economia circular: a urgência de uma nova economia. *Autossustentável*, 9 abr. 2018. Disponível em: <http://autossustentavel.com/2018/04/economia-circular-uma-nova-economia.html>. Acesso em: 19 jun. 2019.

MACHADO, Paulo Vinícius Souza. *Batman vs. Coringa*: provocações nietzscheanas acerca da moral. Mogi das Cruzes, 2010. Trabalho de Conclusão de Curso (Licenciatura em Filosofia) – Faculdade Paulo VI.

MAGALHÃES, Dulce. *Manual da disciplina para indisciplinados*. São Paulo: Saraiva, 2008.

MANZINI, Ezio. *Design para a inovação social e sustentabilidade*. Rio de Janeiro: E-papers, 2008.

MARSTON, William Moulton. *As emoções das pessoas normais*. São Paulo: Success for You, 2014.

MEADOWS, Donella. Leverage Points: Places to Intervene in a System. *The Sustainability Institute*, Hartland, 1999. Disponível em: <http://donellameadows.org/wp-content/userfiles/Leverage_Points.pdf>. Acesso em: 23 abr. 2020.

MIRALLES, Francesc; GARCÍA, Héctor. *Ichigo ichie*: a arte japonesa de transformar cada instante em um momento precioso. Rio de Janeiro: Sextante, 2019.

MOGI, Ken. *Ikigai*: os cinco passos para encontrar seu propósito de vida e ser mais feliz. São Paulo: Astral Cultural, 2018.

OWEN, Charles. Design Research: Building the Knowledge Base. *Design Studies*, Chicago, Institute of Design/Illinois Institute of Technology, v. 19, n. 1, p. 9-20, jan. 1998.

ROSENBERG, Marshall B. *Comunicação não-violenta*: técnicas para aprimorar relacionamentos profissionais. São Paulo: Ágora, 2006.

SENGE, Peter. *A quinta disciplina*: a arte e prática da organização que aprende. Rio de Janeiro: Best Seller, 2016.

SINEK, Simon. *Comece pelo porquê*: como grandes líderes inspiram pessoas e equipes a agir. Rio de Janeiro: Sextante, 2018.

WEIL, Pierre; LELOUP, Jean-Yves; CREMA, Roberto. *Normose*: a patologia da normalidade. 4. ed. Petrópolis: Vozes, 2011.

Sites

Blue Vision
https://bluevisionbraskem.com

Circular Design Guide
https://www.circulardesignguide.com/

Ellen MacArthur Foundation
https://www.ellenmacarthurfoundation.org

The Cradle to Cradle Products Innovation Institute
https://www.c2ccertified.org

LEIA TAMBÉM:

O EFEITO MELÃO
Fernanda Dutra

Potencialize a Flexibilidade Cognitiva pela Arte e Gamificação

DVS EDITORA

www.dvseditora.com.br